장콩 선생님과 함께 묻고 답하는

한국사 카페 2

장콩 선생님과 함께 묻고 답하는

한국사 카페 2

1판 1쇄 발행일 2008년 4월 14일

2판 1쇄 발행일 2017년 10월 2일 **2판 4쇄 발행일** 2024년 1월 3일

글 장용준 **그림** 서은경 **펴낸곳** (주)도서출판 북멘토 **펴낸이** 김태완

편집주간 이은아 **편집** 김경란, 변은숙, 조정우 **디자인** 안상준 **마케팅** 강보람, 민지원, 염승연

편집감수 김종엽 **사진진행** 북앤포토 조혜민

출판등록 제6-800호(2006. 6. 13.)

주소 03990 서울시 마포구 월드컵북로 6길 69(연남동 567-11) IK빌딩 3층

전화 02-332-4885 **팩스** 02-6021-4885

bookmentorbooks.co.kr bookmentorbooks@hanmail.net

bookmentorbooks__ bookmentorbooks

ⓒ 장용준, 서은경 2017

ISBN 978-89-6319-244-4 44910
     978-89-6319-242-0(세트)

장콩 선생님과 함께 묻고 답하는

한국사 카페 ②

고려 시대부터
조선 후기까지

장용준 글·서은경 그림

북멘토

머리말

처음 원고를 쓰기 시작한 이후, 이 책이 완성되기까지 3년여의 긴 시간이 필요했습니다. 덕분에 더 오래 더 여러 번 원고를 매만질 수 있었습니다.

이해하기 힘든 책은 아예 읽지 않으려는 요즘의 중·고등학생들에게 역사 교과서보다는 읽기 쉬운 역사책을 선물해 주고 싶었습니다. 다행히도 이해하기 쉬우면서도 책장이 술술 잘 넘어가는 그런 책으로 세상에 내보내지는 것 같아 저으기 안심이 됩니다.

지은이로서 이 책 『묻고 답하는 한국사 카페』는 이런 학생들에게 권합니다.

1. 역사 교과서가 너무 재미없다면서 한국사 공부를 일찍 포기해 버린 중·고등학생. 이런 학생들이 우리 역사를 쉽게 접할 수 있도록 중학교에서 사용하는 6종의 역사 교과서를 면밀히 분석하여 어려운 단어나 한자어를 최대한 풀어쓰고, 사건의 배경 및 전개 과정을 촘촘하게 풀어헤치며 문답식 입말체 문장으로 책을 엮었습니다.

2. 한국사 전체의 흐름을 파악하고 싶은데 잘 안 되는 학생. 이런 학생들을 위하여 선사 시대부터 현대까지 한국사 전 영역을 시대별·주제별로 나누어 서술했습니다. 따라서 '내가 지금 읽는 부분이 어느 시대인가', '어떤 주제를 살피고 있는가'를 먼저 파악하며 책을 읽는다면 한국사의 전체 흐름을 쉽게 파악할 수 있을 겁니다.

3. 역사를 배우는 목적에 맞게 한국사를 심도 깊이 제대로 공부하고 싶은 학생. 흔히들 '과거의 사실을 현재적 관점에서 재해석하여 미래의 삶에 보탬이 되기 위하여' 역사를 공부한다고 합니다. 분명 맞는 이야기입니다. 하지만 우리의 현실은 그리 녹록지 않습니다. 학생들은 시험 점수를 얻기 위해 단편적 사실만을 외우면서 역사가 수학보다 어렵다고 말하고는 합니다. 이렇게 공부하는 역사는 당연히 어려울 수밖에 없지요. 또한 암기 위주의 공부는 역사와 원수가 되는 지름길일 뿐입니다. 이

책은 단순히 과거 사실을 서술하기보다는 그러한 사실이 나오게 된 배경과 원인, 과정, 결과 그리고 그것이 지향했던 바에 대하여 자세히 설명하고 있습니다. 따라서 참다운 역사 공부에 목말라 있는 학생들의 갈증을 어느 정도는 해결해 줄 수 있을 것입니다.

이 책은 현행 중학교 역사 교과서 체제에 맞추어 엮어졌습니다. 다만 3권의 말미에 '역사를 위한 변명'이란 주제로 역사 교사로서 학생들에게 들려주고 싶은 이야기와 함께 '역사를 보는 눈'을 담았습니다. 책을 만들면서 이 주제를 넣어야 할까 고민했지만, 살아 있는 역사 교육은 우리 사회가 바른 길로 나아가는 데 도움을 주어야 하기에 청소년 독자에게 역사 공부의 필요성과 어떤 삶을 살 것인가를 제안하기 위해 에필로그 형식으로 역사 공부가 필요한 이유를 미주알고주알 적어 놓았습니다. 이 책이 출간되기까지의 과정은 물론이려니와 장콩 개인사까지 두루두루 써져 있으니, 가벼운 마음으로 살피면서 역사 공부가 필요한 이유를 스스로 진단해 보시기 바랍니다.

아무쪼록 이 책을 읽은 독자 여러분이 우리 역사와 쉽게 친해지면서 동시에 역사와 의미 있는 대화를 나눴으면 좋겠습니다.

장기간 여러 번 손을 보며 이 책을 세상에 내보내기까지 고생해 주신 북멘토 출판사 관계자들께 감사 인사 올립니다. 또한 이 책을 학교 현장에서 아이들을 가르치는 역사 교사의 시각으로 감수해 주신 세 분 선생님께도 고마움 가득 전합니다. 인천의 중학교에서 역사와 친구하고 있는 홍선희 선생님! 전남 고흥의 학교에서 열심히 교재 연구를 하고 계신 김영옥·백형대 선생님! 참으로 감사합니다.

변혁의 기운을 실감하는 나날입니다.
혁신의 향기와 함께 역사의 진한 여운이 독자 여러분의 마음속에 가득 차기를 기원합니다.

장콩 선생 장용준

차례

1 새로운 통일 왕조, 고려

역사돋보기

왕건이 나주 지역을 점령한 의미는? • 14 | 장화왕후와 왕건의 썸씽 스페셜 • 20 | 고려 시대 향리는 과거를 볼 수 있었을까? • 27 | 'Korea'의 기원은? • 34 | 이자겸과 굴비 • 39 | 최씨 무신 정권을 유지했던 권력 기구들 • 44 | 만적의 봉기가 실패한 이유 • 49 | 어느 시대에나 배신자는 있다 • 56 | 노국대장공주가 끝까지 살아 있었다면? • 61 | 이방원과 정몽주의 시조 대결 • 67 | 고려 초기 불상들은 왜 하나같이 못생겼을까? • 75 | 원과 교류하면서 받아들인 문물은? • 81

한눈에 정리

무신 정권의 결말은? • 45 | 공민왕의 개혁 정책 • 62

2 아침의 나라, 조선이 서다

역사돋보기

한눈에 정리하기

3 조선 후기에 불어닥친 변화

역사돋보기

1 새로운 통일 왕조, 고려

후삼국을 통일한 고려의 힘은 어디서 나왔을까?

☐ 후삼국 시대의 주역들은 누구인가요? ☐ 고려는 어떻게 후삼국을 통일했나요?
☐ 고려의 후삼국 통일은 어떤 의미가 있나요?

☐ 후삼국 시대의 주역들은 누구인가요?

신라 말기의 사회 혼란을 틈타 지방에서 독자적인 세력을 형성하여 나라를 만든 사람들이 있었어. 그게 누굴까?

견훤!

궁예?!

왕건!?!

그래 맞아. 견훤과 궁예, 왕건이 후삼국 시대를 이끈 주역들이야.

견훤은 경상도 상주 출신으로 신라의 군인이 되어 전라도 남쪽의 서남 해안을 지키는 장교로 근무했어. 그때 견훤의 나이 25세였어. 그는 자신을 따르는 부하들을 기반으로 군사를 일으켜 완산주^{전북 전주}에서 '의자왕의 원수를 갚겠다'며 후백제를 세웠어⁹⁰⁰.

궁예는 신라의 왕족 출신이야. 허나 갓난아이 때 진골 귀족들의 왕위 쟁탈전 속에서 부모를 잃어버려 유모의 손에서 어렵게 자라야 했어. 그런 그가 후고구려를 세운 것은 901년으로 '신라에 망한 고구려의 원수를 내 손으로 갚겠다'며 송악^{황북 개성}에서 건국했어. 궁예는 나라를 세운 초기에는 정치를 매우 잘해서 백성들 모두 그를 좋아했어. 그러나 수도를 철원으로 옮기고 나라 이름을 태봉으로 바꾸더니 점차 독재자로 변하여 끝내는 폭군이 되고 말았지. 그런 궁예를 부하들은 가만 놔두지 않았어. 힘을 합하여 그를 쫓아내고 궁예 다음의 서열이 었던 왕건을 왕으로 추대하였지.

마음이 넓고 후덕했던 왕건은 송악 출신의 호족이야. 그는 궁예의 부하로 후백제 땅인 전라도 금성^{전남 나주} 지역을 점령하는 등 전쟁에서 큰 공을 세워 궁예의 신임을 두텁게 받았어. 하지만 민심을 잃은 흉폭한 궁예를 몰아내고 부하들의 추대 속에 군주가 되어 새 나라를 개창했지. 이때가 918년으로, 왕건은 나라 이름을 고구려를 계승한다는 의미에서 고려라 했으며, 수도를 자신의 고향인 송악으로 정했어.

□ 고려는 어떻게 후삼국을 통일했나요?

고려의 후삼국 통일 정책은 의외로 간단했어. 치열하게 대립하고 있던 후백제와는 투쟁하였고, 이빨 빠진 호랑이로 전락한 신라와는 친하게 지내 신라의 호감을 얻고자 힘썼어. 이에 반하여 후백제는 고려와 대립하면서 신라에게도 강경책을 써서 수도 금성^{경북 경주}을 침략하여 경애왕을 살해하기까지 했어. 신라 사람들은 후백세의 횡포에 분노했고 고려의 포용력에 높은 점수를 주었지.

이러한 상황에서 935년 후백제 내부에서 권력 다툼이 벌어졌어. 후백제를 세운 견훤은 자신의 지위를 막내아들인 금강에게 물려주려 했지. 그러자 큰아들인 신검이 반발하여 견훤

후백제의 맹주 견훤이 감금되었던 절인 금산사(전북 김제).

'견훤릉'으로 전해지는 무덤
이 충남 논산에 있다.

을 금산사에 가두고, 동생인 금강을 살해한 다음 자신이 왕이 되었어. 견훤은 감시가 소홀한 틈을 타서 금산사를 탈출하여 왕건에게 몸을 의지했어.

비슷한 시기에 신라가 스스로 고려에 항복해 왔어. 신라의 마지막 임금이었던 경순왕이 더 이상 나라를 지탱하는 것은 의미가 없다고 판단하여 왕건에게 나라를 넘겨 버렸던 거지.

936년, 고려는 드디어 후백제군을 상대로 마지막 전쟁을 벌였어. 왕건은 10만의 군사로 후백제군을 공격했지. 이 공격의 선봉에는 후백제를 세운 견훤도 끼어 있었어. 아! 불쌍한 견훤. 영화에서나 볼 수 있는, 자기 손으로 만든 나라를 자기가 멸망시키는 웃지 못할 해프닝이 견훤에 의해 연출되었지.

결국 고려는 신검이 이끄는 후백제군을 격파하고 후삼국을 통일했어. 이로써 10세기 전반 40여 년 동안 치열하게 다투었던 후삼국 시대는 끝이 나고, 다시 한반도에는 단일한 국가가 들어서서 발전하게 되었어.

□ 고려의 후삼국 통일은 어떤 의미가 있나요?

우선은 통일 신라 말기에 성장하기 시작한 지방 세력이 고려의 새로운 지배 세력으로 등장했다는 점을 들 수 있어. 여기에 고려는 삼국의 다양한 문화를 융합하여 개방성과 다양성을 특징으로 하는 새로운 민족 문화의 토대를 마련했어. 또한 고려의 후삼국 통일은 발해인까지 포

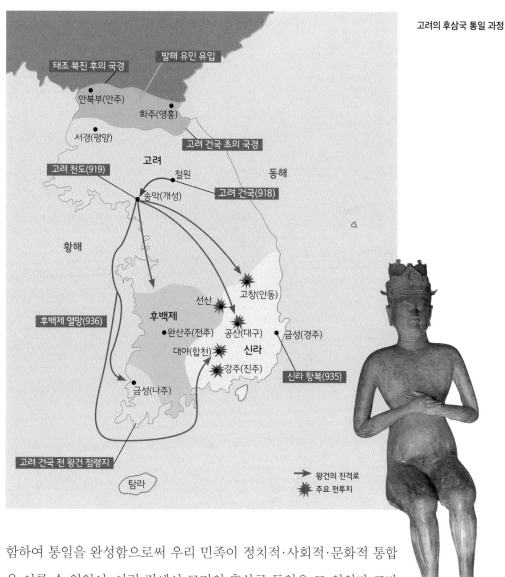

태조 북진 후의 국경

발해 유민 유입

안북부(안주)

화주(영흥)

서경(평양)

고려 건국 초의 국경

고려

동해

고려 천도(919)

철원

송악(개성)

고려 건국(918)

황해

고창(안동)

선산

후백제

완산주(전주)

공산(대구)

금성(경주)

대야(합천)

신라

강주(진주)

신라 항복(935)

후백제 멸망(936)

금성(나주)

왕건의 진격로

고려 건국 전 왕건 점령지

주요 전투지

탐라

함하여 통일을 완성함으로써 우리 민족이 정치적·사회적·문화적 통합
을 이룰 수 있었어. 이런 점에서 고려의 후삼국 통일은 그 의의가 크다
고 할 수 있지.

왕건 청동상 태조 왕건의 능
(헌릉) 부근에서 출토.

왕건이 나주 지역을 점령한 의미는?

왕건은 궁예의 부하로 있을 때, 수군을 거느리고 남하하여 현재의 목포 쪽에서 영산강을 거슬러 올라가 전라도 금성^{전남 나주} 지역을 점령해 버렸어. 당시 전라도는 후백제의 땅이었는데, 왕건이 후백제 땅의 일부를 차지해 버린 거지.

후백제와 치열하게 전쟁을 하고 있던 태봉의 입장에서 적국의 배후 지역인 나주를 점령한 것은 후백제의 전투력을 분산 및 바다를 통한 활동을 위축시킴으로써 후백제의 힘을 크게 약화시킬 수 있었어.

그런데 왕건이 나주에 왔을 때, 나주 호족들이 적극적으로 왕건군을 도와주었다고 해. 나주는 후백제 땅이었는데, 왜 이런 일이 벌어졌을까? 나주 호족들이 왕건군과 피터지게 싸워야 당연했을 것 같은데 말이야.

그것은 송악 호족인 왕건 집안이나 나주 호족들 모두 중국과 무역을 하면서 부를 축적한 해상 세력이었기 때문이야. 이들은 예로부터 서로 협력하며 중국과 무역을 했기에 오래전부터 서로 연결 끈이 있었고, 정치 동맹 세력의 리더인 왕건이 군사를 이끌고 오자 적극 협력했던 거지.

□ 태조 왕건은 어떻게 나라를 운영하였나요? □ 태조가 죽은 후 나라는 어떻게 되었어요?
□ 고려는 언제 국가 기틀을 확립했나요?

□ 태조 왕건은 어떻게 나라를 운영하였나요?

왕건이 고려를 세우고 나서 가장 주력했던 것은 호족 융합 정책이었어. 고려는 왕건이 독자적으로 세웠다기보다는 지방 호족들의 협력 속에서 건국되었어. 따라서 고려는 '왕건의 고려'라기보다는 호족들이 각기 자기 지분을 갖고 있는 주식회사 형태의 '호족 연합 국가'라고 할 수 있어. 현실이 이러하다 보니 왕건은 후삼국을 통일하고 나서도 나라와 자신의 기반을 안정시키기 위하여 호족들의 환심을 사는 정책을 실시해야 했어. '정략결혼 정책®'과 '사성 정책®'이 바로 그것이야.

한편 발해 멸망으로 발해의 세자 대광현이 수만 명의 발해 사람들을 데리고 고려에 망명해 왔어. 그러자 태조 왕건은 그에게 '왕'씨 성을 하사하고 왕족으로 우대해 주며 고려의 지배층으로 편입시키려는 노련한 외교술을 발휘했어.

태조는 또한 고구려의 옛 땅을 회복하기 위하여 북쪽으로 영토를 넓혀 가는 북진 정책을 추진했어. 고구려의 수도였던 서경평양을 전진 기지로 삼아 꾸준히 북쪽으로 영역을 넓혀 갔으며, 나라 이름도 만주 벌판을 주 무대로 했던 고구려를 계승한다는 의미에서 '고려'로 정했어. 태조가 거란을 적대시한 것도 고구려 계승 의지 때문이었지. 발해

정략결혼' 정책 유력 호족의 딸과 정략적으로 결혼하여 지방 호족 세력과 유대를 강화하는 정책. 그러다 보니, 태조 왕건은 29명의 부인을 두었고, 여기에서 태어난 아들이 25명, 딸이 9명이나 되었다.

사성 정책 사성(賜姓)은 '성(姓)을 내린다(賜)'는 뜻이다. 지방의 유력한 호족에게 자신의 성인 '왕'씨 성을 하사하여, 왕족으로 신분을 높여 주고 관직이나 토지를 주어 그들을 우대해 주는 정책이다. 이 정책 역시 호족들이 태조를 적극 지지하여 나라를 안정적으로 운영하는 데 도움을 주었다.

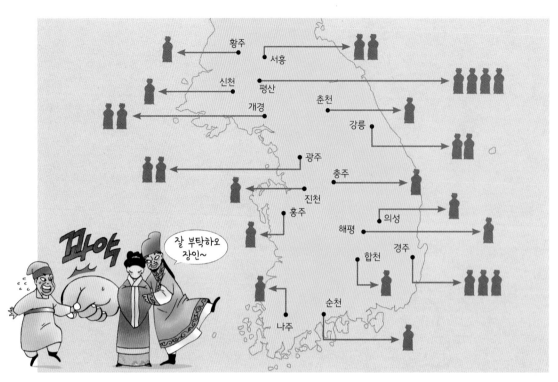

왕건 부인의 출신 지역 개경 출신의 신혜왕후를 비롯한 부인들의 출신 지역이다. 3명의 부인은 지역을 알 수 없다.

를 멸망시키고 요나라를 건설한 거란족은 고려와 친해지려고 50마리의 낙타와 함께 사신을 보내왔어. 하지만 태조는 사신을 유배에 처하고 낙타는 만부교라는 다리 밑에서 굶겨 죽여 버렸어. 발해를 멸망시켰다는 이유 때문이었어.

한편, 태조는 민족 통합을 위해 신라와 후백제의 지배층들이 충성을 맹세하면, 그들의 지배권을 그대로 인정해 주었어. 이것을 사심관 제도라고 해. 신라 마지막 왕으로 고려에 항복한 경순왕을 경주의 사심관으로 임명한 것이 대표적 사례라 할 수 있지. 그리고 사상적으로 불교, 유교, 도교, 풍수지리설 등 다양한 사상이 함께 어우러지는 정책을 폈어. 또한 태조는 외래 문물을 개방적으로 받아들이되 주체적으로 수용하려는 노력도 했어.

□ 태조가 죽은 후 나라는 어떻게 되었어요?

태조의 뒤를 이어 왕위에 오른 사람은 나주 호족의 딸인 장화왕후 오씨가 낳은 아들이었어. 그가 바로 혜종이야.

혜종 시대에는 왕권이 매우 불안정했어. 태조가 왕권의 안정을 위해 추진했던 정략결혼 정책의 후유증이 심각했기 때문이지. 혜종이 왕위에 오르자, 태조에게 딸을 시집보낸 대호족들은 자신의 외손자를 왕위에 올리기 위해 치열한 다툼을 벌였어. 경기도 광주 출신의 호족인 왕규는 태조에게 두 딸을 시집보냈는데, 혜종이 왕이 된 지 2년 만에 후계자를 세우지 않고 죽자, 자신의 외손자를 왕위에 올리려고 난을 일으켰어. 이 난은 왕건의 사촌동생으로 당시 서경을 지키고 있었던 왕식렴의 적극적인 개입으로 진압되었지만, 왕실에서 이러한 다툼이 발생했다는 것 자체가 고려 초기 왕권의 불안정성을 대변하고 있어.

3대 임금은 왕식렴의 추대로 혜종의 이복동생 정종이 대를 이었어. 정종은 왕권을 위협하는 세력의 제거에 힘쓰는 한편, 수도를 서경으로 옮기려고 했어. 왜 굳이 서경으로? 서경이 자신의 후원자인 왕식렴의 근거지였기 때문에 서경으로 천도하면 왕권이 안정될 수 있으리라고 생각한 거지. 그러나 궁궐을 짓는 도중에 왕식렴이 죽고, 정종 또한 갑자기 죽어 서경 천도는 중단되고 말았어.

정종의 뒤를 이어 왕이 된 사람은 동생 광종이었어. 광종은 왕권 강화에 자신의 모든 것을 걸었던 인물이야. 그는 본래 양인이었으나 피치 못할 사정으로 노비가 된 자들을 조사하여 모두 양인으로 풀어 주는 노비안검법*을 실시했어. 이 정책은 호족들에게 큰 타격을 주었는데, 그 이유는 호족들의 경제, 군사적 기반이 노비들이었기 때문이야. 또한 광종은 후주*에서 귀화한 쌍기의 건의를 받아들여 시험을 봐서 관리를 선발하는 제도인 과거제를 우리 역사상 최초로 시행하여 능력 있는 인

노비안검법 奴婢按檢法 노비를 살피고(按) 검사하여(檢) 양인으로 풀어 준 정책. 이를 통해 국가 재정을 튼튼히 하고 왕권을 강화하였다.

후주 9세기 중반에 중국 북쪽 지역을 다스렸던 나라. 당말 5대의 마지막 나라이다.

오늘부터 자유니라.

노비 하나를 또 잃었다.

이 노비는 '노비안검법'을 통과했으므로 양인으로 인정함

최승로(927~989) 신라 6두품 출신의 후예로 성종의 제도 개혁에 큰 도움을 주었다.

재를 등용하고자 했어. 이 제도 또한 왕권 강화 정책이었는데, 그 이유는 지배 세력인 호족층이 아닌 일반인도 관리가 될 수 있어서 왕이 자신을 지지하는 세력을 확장할 수 있었기 때문이야.

광종의 이러한 정책에 호족들은 크게 반발했어. 그러나 광종은 눈 하나 깜짝하지 않고 반대파 호족들을 대대적으로 숙청하면서 왕권을 강화해 나갔어. 훗날 최승로[•]가 "이때 살아남은 옛 신하가 겨우 40여 명뿐이었다."라고 한 것으로 보아 광종의 호족 세력 숙청 작업이 얼마나 폭넓게 이루어졌는지를 알 수 있어.

그런데 말이야 광종의 왕권 강화 정책이 완벽했냐? 그건 아니야. 광종의 정책도 완전한 것은 아니었어. 광종이 죽고 경종이 왕위에 오르자 호족들이 다시 힘을 쓰기 시작했어. 그들은 광종 때 만든 제도들을 무시했고, 과거 시험에 합격하여 적극적으로 광종의 정책을 추진했던 관리들을 죽이거나 내쫓으면서 자신들의 권력을 강화하는 데 혈안이 되었어.

☐ 고려는 언제 국가 기틀을 확립했나요?

왕권이 흔들렸던 경종의 뒤를 이어 성종이 임금이 되었어. 성종은 각종 제도를 정비하면서 국가의 기틀을 확립해 나갔어. 그는 왕이 되자마자, 모든 신하들에게 나라에 시급히 필요한 일을 해결할 수 있는 대책을 올리라고 명령을 내렸어. 이에 여러 신하들이 해결 방안을 올렸는데, 왕은 최승로의 건의안을 특별히 채택하여 나라 정책에 반영했어.

최승로의 시무 28조
제7조 태조께서 나라를 통일한 후에 군현에 외관을 두고자 하였으
나 … 시행할 겨를이 없었습니다. 청컨대 외관을 두소서.
제11조 사방의 습속은 각지 토질에 따라 다르므로 … 예악, 시서의
가르침과 군신, 부자의 도리는 중국을 본받아야겠지만 … 구태여
모든 것을 중국과 같게 할 필요는 없습니다.
제13조 우리나라에서는 봄에는 연등을 설치하고, 겨울에는 팔관을
베풀어 … 노역이 심히 번다하오니, 원컨대 이를 감하여 백성이 힘
을 펴게 하소서.
제20조 불교를 행하는 것은 수신의 근본이요, 유교를 행하는 것은
치국의 근원입니다. 수신은 내생의 복을 구하는 것이며, 치국은 금
일의 중요한 업무입니다.

최승로는 나라에 필요한 일을 28개 조항^{시무 28조}으로 정리해서 성종
에게 올렸는데, 시무 28조의 핵심은 '왕이 칼로 나라를 다스려서는 안
된다. 호족 세력을 견제는 하되, 나랏일은 왕과 신하가 함께 논의하여
해야 한다. 나라를 다스리는 일은 유교 사상을 근본으로 삼아야 한다.'
라는 거였어. 성종은 최승로의 이러한 건의를 적극적으로 정책에 반영
하여 각종 제도를 정비하면서 국가의 기틀을 확립해 나갔어.

장화왕후와 왕건의 썸씽 스페셜

전라남도 나주시에 가면 '완사천'이라는 샘이 있어. 나주 호족의 딸이었던 장화왕후는 이곳에서 왕건을 처음 만났어.

왕건은 태봉의 장수로 부하들을 이끌고 후백제에 타격을 주기 위하여 목포 쪽에서 영산강을 타고 올라와 나주에 당도했어. 말을 타고 우물가를 지나는데, 아리따운 처녀가 물을 긷고 있었어. 그는 목이 말라 처녀에게 물 한 바가지를 달라고 청했어. 처녀는 얼굴이 빨개지며 눈을 내리뜨고 물을 떠서 옆에 있는 버드나무 잎을 하나 따 물 위에 띄우더니 왕건에게 공손히 내밀었어. 왕건이 급히 물을 마시다 체할까 봐서 한 행동이었대. 왕건은 처녀의 지혜에 반하여 둘째 부인으로 맞아들였고, 둘 사이에서 난 아들이 왕건을 이어 2대 임금 혜종이 되었어.

완사천 전남 나주시에 있는 샘으로 왕건과 장화왕후가 처음 만난 곳으로 전해 온다.

□ 중앙 정치 기구는? □ 지방 행정 조직과 군사 제도는?
□ 교육과 관리 선발 제도는? □ 토지 제도는?

□ 중앙 정치 기구는?

고려는 성종 이전에는 태봉과 신라의 제도를 바탕으로 중앙 정치 조직을 운영했어. 그러다가 성종 때 최승로의 시무 28조를 채택하여 통치 체제를 정비하며 당과 송의 제도를 도입하여 고려 실정에 맞게 고쳐서 2성 6부 체제로 운영하였어.

2성은 중서문하성과 상서성으로 구성되었는데, 중서문하성은 국가 최고 통치 기구로 국가의 주요 정책을 입안하고 결정했으며, 장관인 문하시중은 국정을 총괄했어. 상서성은 중서문하성에서 결정된 일을 실행하는 기구로, 하부 조직으로 6부를 두어 실제 행정을 집행했어. 즉 중서문하성에서 결정된 일이 국방 관련 사안이면 병부에서, 재정에 관한 일이면 호부, 관리들의 인사에 관한 일이면 이부에서 실행했어.

특별 기구로는 중추원과 삼사, 어사대가 있었어. 중추원은 왕의 비서 기구로 국왕의 명령을 전달하는 임무와 함께 군사 기밀을 담당했어. 삼사는 화폐와 곡식의 출납과 회계를 담당했고, 어사대는 관리의 비리를 감시·감독하는 감찰 기구였어. 특히 어사대의 관리는 중서문하성의 낭사*와 함께 대간으로 불리며 간쟁, 봉박, 서경을 담당했어. 간쟁이 뭐냐고? 국왕의 잘잘못을 따져 왕이 바른 길로 가도록 건의하는 제도야.

낭사 중서문하성에 속한 정삼품 이하의 관리.

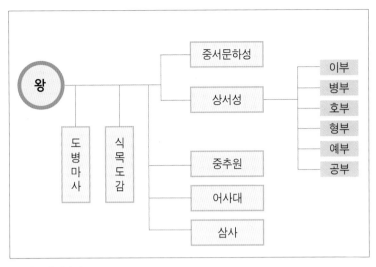

고려의 중앙 정치 기구

봉박은 임금에게 글을 올려 잘못됨을 지적하는 제도였고, 서경은 관리의 임명 및 법령 제정 시 왕의 독주를 막기 위해 대간의 동의를 구하는 제도야. 고려 정부가 이러한 제도를 둔 이유는 나랏일을 왕이 자기 편한 대로만 하는 것을 막기 위해서였어. 그래서 어사대 관리와 낭사는 임명 시에 집안 내력과 개인의 품성을 조사하여 청렴하다고 판단한 관리로 선임하였고.

한편 고려는 국가 중대사의 경우 중서문하성과 중추원의 고위 관리가 한자리에 모여 회의를 통해 협의·결정했는데, 도병마사와 식목도감에서 그 일을 담당했어. 국방과 군사에 관한 중대사는 도병마사에서 논의했으며, 제도와 시행 규칙을 제정할 필요가 있을 때는 식목도감에서 논의하여 결정했어. 이 두 기구는 중국에는 없는 고려의 독자적인 회의 기구로, 고려가 귀족 중심으로 정치를 운영하는 사회였음을 은연중에 알려 주고 있어.

□ 지방 행정 조직과 군사 제도는?

지방 행정 조직도 성종 때 정비를 시작했어. 그전에는 중앙에서 지방관을 파견하지 않고 호족들이 각기 자기 지역을 왕으로부터 위임받아 통치했어. 따라서 성종 이전에는 중앙의 권력이 지방에 간접적으로 영향을 미쳤어.

성종은 중앙 정치 기구를 정비하면서 지방 제도도 손을 보아 전국의 주요 지역에 12목을 설치하고 중앙에서 최초로 지방관을 파견했어. 이후 현종고려 8대 왕 때 고려는 전국을 크게 5도 양계, 경기로 나누어 통치 체제를 완비했어.

5도는 일반 행정 구역으로, 장관은 안찰사였어. 도 아래에는 주·군·현을 설치하여 지방관을 두었는데, 군이나 현의 경우에는 지방관을 파견하지 않는 경우도 더러 있었어. 특히 작은 행정 구역인 현은 지방관이 파견되지 않는 곳이 더 많았는데, 지방관을 파견한 현을 '주현', 파견하지 않은 현을 '속현'이라 했어. 속현은 인접해 있는 지방관이 파견된 군이나 현의 지방관이 관리했어.

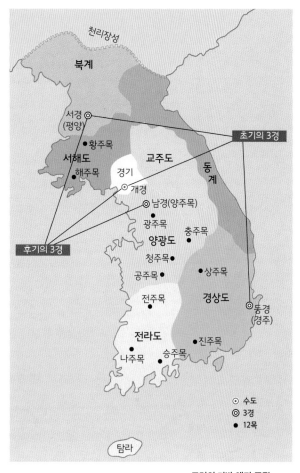

고려의 지방 행정 조직

조세와 공물 징수 등 지방 행정의 실무는 그 지방의 향리가 맡았어. 향리는 지방 중소 호족 출신들로, 성종 때 지방 제도가 정비되는 과정에서 지방 행정의 실무 담당자로 자리를 잡았어. 요즘으로 지면 시청이나 군청에서 사무를 보는 하급 행정 공무원이라 할 수 있는데, 세습직이고, 녹봉으로 토지도 지급받았어.

한편 지방에는 향·부곡·소●라는 특수 행정 구역이 있었고 군사적 요충 지대 4곳에는 도호부가 설치되어 있었어. 국가가 필요로 하는 물품 생산을 주 목적으로 설치된 향·부곡·소 중에서 향·부곡 사람들은

향·부곡·소 천민들의 집단 거주 지역. 그러나 요즘은 일반 백성보다 조금 신분이 낮은 사람들이 거주하는 곳으로 보기도 한다.

일반적으로 농업에, 소의 주민은 주로 수공업에 종사했어. 이들은 일반 행정 구역 거주민에 비해 국가에 세금을 더 많이 냈음에도 불구하고 거주나 이전의 자유는 제한되는 등 차별 대우를 받았어.

양계는 나라 북쪽의 국경 지역에 설치된 군사 행정 구역으로, 북계와 동계로 이루어졌어. 장관으로 병마사가 파견되어 운영되었으며 양계 안의 하부 조직으로는 주와 진이 설치되어 있었어.

경기는 수도 개경과 그 일대를 둘러싸고 있는 군·현 지역을 묶은 행정 구역으로, 경기의 경京이 서울을, 기畿는 수도 주변을 뜻해. 현재 우리나라 행정 구역 중 경기도가 서울 주변을 둘러싸고 있는 지역이라는 점을 감안하면 고려 시대 경기가 어디에 있는 행정 구역인지 위치 파악이 가능할 거야. 이외에도 고려는 수도인 개경 이외에 2개의 서울을 더 두어 각 지역의 중심지로 삼았어. 3경 제도로 개경 외에 옛 고구려와 신라의 수도에 서경평양, 동경경북 경주●을 설치했어.

동경 고려 전기 때는 3경 중 한 곳이었으나 고려 후기에는 남경(현재 서울 부근)으로 이전되었다.

고려의 군사 조직은 중앙군과 지방군으로 나누어 설치되었어. 중앙군은 2군 6위로 편성되었는데, 2군은 왕의 친위 부대로 궁궐과 왕실을 지켰고, 6위는 수도와 국경 지역의 방어를 전담했어. 중앙군은 일종의 직업 군인으로 복무 대가로 군인전을 지급받아 생활했어. 지방군은 5도의 각 군현을 지키는 주현군과 양계에서 국경을 수비하는 주진군이 편성되었어. 군역 의무는 16세 이상의 농민 남성에게 부과되어 16세가 되면 주현군이나 주진군에 편성되어 국방 의무를 다해야 했어.

□ 교육과 관리 선발 제도는?

고려는 유학 교육에 힘써 수도인 개경에 국립대학인 국자감을 설치하였고, 지방에는 향교를 설치하여 운영하였어. 국자감은 유학 교육 위주로 교육 과정을 편성했지만, 율학·서학·산학 등 기술학을 담당하는 학과도 함께 편성되어 있었어. 한편 고려 중기* 이후에는 사립학교도 설립되었는데, 11세기 후반의 이름난 학자였던 최충이 설립한 9재 학당의 경우 국자감의 권위를 능가할 정도로 인기가 있어서 귀족 자제들이 서로 입학하려고 줄을 섰다고 해.

관리 선발은 과거와 음서로 이루어졌어. 과거는 문신 관료를 뽑는 제술과와 명경과, 기술 관리를 선발하는 잡과, 승직자를 선발한 승과가 있었어. 무과는? 없었어. 무관은 과거를 거치지 않고 무예가 뛰어난 자를 별도로 뽑았으며, 전쟁이 일어났을 때도 최고 지휘자는 문관을 임명하는 경우가 많았어.

과거 응시는 원칙적으로 양인 이상이면 가능했지만, 시간적, 경제적 여유가 있었던 귀족 자제가 아닌 일반 농민이 생업에 힘쓰며 공부에 매진해서 과거에 합격한다는 것은 하늘에 별 따기 만큼이나 어려웠어.

음서*는 왕족이나 국가에 큰 공을 세운 신하공신, 5품 이상의 고위 관리 자손에게 주어지는 특별 혜택으로, 시험 없이 관리가 되는 제도였어. 고려는 음서를 매우 폭넓게 시행했는데, 이를 통해 고려의 관료 체제가 귀족적 특성을 지녔으며, 귀족의 신분 세습을 정부가 보장해 주었음을 알 수 있어.

여기서 잠깐! 궁금증을 하나 풀고 가자. 과거와 음서를 통해 관직을 진출해도 차별은 없었을까? 정답은 '없었다'야. 시험으로 선발하는 과거에 합격했다고 해서 특별히 우대하지 않았어. 오히려 음서를 통해 관

고려 중기 고려는 일반적으로 시대 구분을 할 때 무신정변(1170)을 기준으로 전기와 후기로 구분한다. 다만 좀 더 세밀한 구분이 필요할 때 중기를 넣기도 하는데, 중기는 거란 침입을 물리치고 나라가 안정적으로 운영되는 11세기 초반 현종 시기부터 무신정변으로 문벌 귀족이 몰락하는 12세기 후반까지를 말한다.

음서 고려·조선 시대에 아버지나 할아버지가 고위 관리이거나 국가에 공훈을 세웠을 경우 그 자손을 과거에 의하지 않고 특별히 관리에 채용하는 제도 고려의 경우 5품 이상의 관리에게 주어진 특혜였으나, 조선 시대에는 음서에 의해 관직에 나가더라도 높은 관직에는 오를 수 없었다.

삼태사 유물 태조 왕건이 세 명의 고위급 신하에게 내린 허리띠, 모자, 가죽신으로, 고려 관리의 복장을 알 수 있다.

직에 진출한 자가 가문의 막강한 파워를 등에 업고 고속 승진하는 경우가 더러 있었지. 다만 이런 경우가 그리 많지 않았기에 과거와 음서를 특별히 차별해서 적용했다고 보기는 힘들고, 음서의 특혜로 관직에 진출한 자도 과거에 합격하는 것을 가문의 영광으로 여기는 경향이 있었다고 해.

□ 토지 제도는?

고려는 관직에 복무하는 대가로 관리들에게 토지를 지급하고 세금을 걷을 수 있는 권리를 주었어. 이를 '전시과'라고 했지. 이 제도는 관리를 18등급으로 나누고 각 등급에 따라 곡식을 거둘 수 있는 전지^{농토}와 땔감을 얻을 수 있는 시지^{산림}를 지급한 것으로, 관직에서 물러나면 국가에 반납해야 했어. 공음전이란 토지도 있었는데, 5품 이상의 고위 관리에게 지급한 특별 토지로 자손 대대로 세습이 가능했어. 따라서 공음전은 음서 제도와 더불어 고려의 관료 체제가 귀족적 특성을 지니고 있음을 한눈에 알 수 있게 해 주지.

고려 시대 향리는 과거를 볼 수 있었을까?

어떻게 생각해? 고려는 귀족들 위주로 사회를 운영했으니까 향리는 과거를 응시할 수 없었다고? 아니야. 볼 수 있었어. 또한 고위 관리로 승진도 가능했어.

고려 숙종^{15대 왕} 때 고위 관리를 지냈던 이영이란 사람이 있어. 이 사람은 아버지가 향리여서 아버지가 죽은 후에 그 대를 이어서 향리 직을 물려받으려 했어. 서류를 갖춰서 담당 향리에게 가지고 갔더니, 담당자가 벌컥 화를 내며 이영을 나무랐어. 이유인즉슨, 허리만 숙이고 절을 하지 않았다는 거였어.

이영은 가지고 간 서류를 갈기갈기 찢으며 화를 냈어.

"내가 과거에 급제해서 중앙에서 큰 벼슬을 할 수 있는데, 무엇 때문에 당신에게 절을 한단 말이오."

이후 이영은 작심하고 공부하여 끝내 문과에 합격하여 고위 관리까지 지냈어.

이 사례로 보았을 때, 고려는 향리도 과거를 볼 수 있는 사회였고, 이는 골품제에 의해 신분 이동이 일체 금지되었던 신라에 비해 고려가 한층 개방된 사회였음을 알 수 있게 해 줘.

고려 향리가 쓰던 벼루와 다양한 모양의 도장들.

고려 전기의 탁월한
외교 전략은 무엇일까?

□ 거란이 침입하기 전의 동북아시아 정세는? □ 거란의 침입에 고려는 어떻게 대응했나요?
□ 고려와 여진의 관계는 어떠했나요? □ 고려의 외교 정책과 대외 교류는?

□ 거란이 침입하기 전의 동북아시아 정세는?

고려가 나라의 기틀을 다지기 위해 노력했던 10세기 전반의 동북아시아는 어떤 상황이었을까? 중국에서는 크고 작은 여러 왕조가 나타났어. 중국 본토에서는 통일 제국이었던 당나라가 멸망하고 5대 10국*의 혼란기가 시작되었지. 만주에서는 거란족이 급성장하여 발해를 멸망시키고926 요나라를 건설했어.

이러한 시기에 고려는 고구려의 옛 영광을 되찾기 위하여 북쪽으로 영역을 넓히는 북진 정책을 추진하면서 만주에서 세력을 확장하고 있던 거란족을 멀리했어. 그런데 거란족은 고려의 속도 모르고 서로 사이 좋게 지내자며 사절단을 보내왔지.

태조 왕건은 거란의 통교 요구를 일언지하에 거절했어. 거란 사신들을 유배에 처하고, 거란 왕이 보낸 낙타를 굶겨 죽이는 등 거란과 관계를 맺지 않을 것임을 분명히 했지. 한편 3대 임금 정종 때에는 광군*을 조직하여 거란의 침입에 적극적으로 대비했어.

10세기 중후반 중국에도 통일 왕조가 들어섰어. 바로 송나라야. 이제 동북아시아는 송·요·고려가 중국 본토, 만주 지역, 한반도를 대표하는 세력으로 우뚝 서게 되었지. 그런데 문제는, 세 나라 중 요나라가 왕

5대 10국 당(唐)나라가 멸망한 907년부터 송(宋)이 중국을 통일하게 되는 979년까지 약 70년간의 시대. 중국 북쪽 지방에서는 5개 나라가 연이어 나타났고 남쪽 지방에서는 10개국이 서로 치열하게 대립했다.

광군 거란군의 침입에 대비하여 947년에 30만의 병력으로 조직했다.

따를 당한다는 것이었어. 송과 고려는 아주 친했는데, 요는 송과 고려, 두 나라 모두와 사이가 좋지 못했어.

요나라의 궁극적인 외교 목표는 고려와 친하게 지내면서 송을 왕따시키고, 중국 본토로 쳐들어가서 송을 멸망시키는 것이었어. 그래서 고려에게 계속 추파를 던졌어. 하지만 야속하게도 고려는 요나라의 일방적인 애정 공세에도 송과만 친하게 지내는 거야. 요나라는 더 이상 참지 못하고 결국 무력을 사용하여 고려를 복속시키고자 군사를 일으켜 쳐들어왔어.

□ 거란의 침입에 고려는 어떻게 대응했나요?

993년 10월, 거란요나라이 80만의 대군을 이끌고 고려로 쳐들어왔어. 거란의 최종 목표는 송이었지만, 먼저 송과 친하게 지내고 있던 주변 세력들을 굴복시켜야 송과 마음 놓고 전쟁을 할 수 있었지. 그래서 거란은 발해 유민이 세운 정안국을 치고, 고려로 쳐들어온 거야.

거란 장수 소손녕은 국경 부근의 여러 성들을 함락시키고 사람을 보내 고려에 항복을 요구해 왔어. 이때 고려 조정에서는 많은 관리들이 서경평양 이북의 땅을 거란에 내주고 항복하자고 했어. 그러나 서희●는 달랐어. 그는 일단 거란을 만나 그들의 의도를 파악하고 나서 '싸울 것인가, 말 것인가'를 결정하는 것이 순서라고 생각하여 소손녕과 담판을 벌이기 위해 거란 진영으로 찾아갔어.

소손녕이 말했지.

"너희 나라는 신라 땅에서 일어났다. 고구려 땅은 다 우리 소유인데, 어찌하여 고구려 땅을 엿보는가? 또 우리와 국경을 맞대고 있는데도

서희(942~998) 고려 전기의 문신 거란 1차 침입 때 적장 소손녕을 설득하여 강동 6주를 개척했다.

바다 건너 송을 섬기고 있다. 이 때문에 우리가 와서 치는 것이다. 지금이라도 땅을 떼어 바치고 사신을 보낸다면 아무 일 없을 것이다."

이 말을 듣고 서희가 대꾸했어.

"우리나라는 고구려를 계승한 나라이다. 그런 까닭에 나라 이름을 고려라 했고, 평양에 도읍을 정했다. 만일 땅의 경계를 따진다면, 당신 나라의 동경요양도 우리 땅인데, 어찌 우리더러 침범했다고 말할 수 있는가? 또 압록강 유역의 땅도 우리 것인데, 지금 여진이 차지하고 있어서 서로 왕래가 불가능한 지경이다. 만약 지금이라도 우리의 옛 땅을 되찾으면 어찌 친선 관계를 맺지 않으리오."

서희의 논리 정연한 말에 소손녕은 고개를 끄덕일 수밖에 없었어. 소손녕은 자기 나라 임금에게 보고하여, 고려가 송과 관계를 끊는 대신에 거란으로 가는 길목인 압록강 하류의 동쪽 지역 280리를 고려에게 떼어 주기로 약속하고 철군했어.

고려는 거란의 대규모 침략을 받아 풍전등화의 위기에 빠졌으나, 서희의 담판으로 손가락 하나 까딱하지 않고 압록강 유역에 강동 6주를 설치하게 되었어. 정말 대단했던 서희지. 서희를 위해서 박수 한 번. 짝짝짝!

그런데 고려는 거란과의 약속을 지켰을까? 아니야. 고려는 거란과 친교를 맺은 이후에도 송과 계속 교류했어. 이러한 고려의 태도에 불만을 가진 거란은 두 차례나 더 침략해 왔지. 1011년에는 강조의 정변*을 트집 잡아 쳐들어왔어. 이때 개경이 함락되기도 하였으나, 양규가 이끄는 고려군이 국경 지대에서 거듭 승리하면서 거란으로 하여금 고려와 타협하게 만들었어.

세 번째 침입은 1018년에 있었어. 이때는 고려군도 거란의 침입에 만반의 대비를 하고 있었기에 소배압이 이끄는 거란군을 곳곳에서 물리치다가 귀주에서 강감찬이 최종적으로 대승을 거두면서 전쟁을 승

강조의 정변 1009년 강조가 목종을 쫓아낸 쿠데타로 거란은 이 사건을 꼬투리 삼아 고려를 쳐들어 와 서희의 외교 수완에 말려들어 양보한 강동 6주를 회복할 속셈이었다.

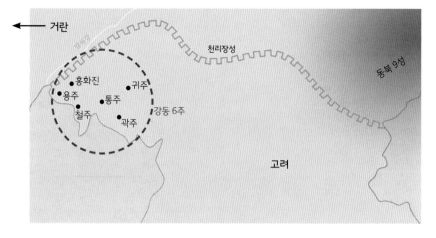

거란

천리장성

동북 9성

홍화진
귀주
용주
통주
철주
강동 6주
곽주

고려

강동 6주 서희가 소손녕과 담판을 벌여 얻어 낸 강동 6주는 거란으로 가는 길목인 압록강 하류에 자리 잡고 있다.

리로 이끌었어[1019]. 이 전투를 우리는 귀주 대첩이라고 해. 이때 살아 돌아간 거란 군사가 수천 명에 불과했다고 하니, 얼마나 큰 승리였는지를 알 수 있지.

세 번에 걸친 거란의 침입을 효과적으로 막아 낸 고려는 이제 거란의 압력에서 완전히 벗어났어. 고려는 이제야 송이나 거란의 눈치를 보지 않고 자주적 입장에서 송, 거란과 동시에 교류할 수 있었어. 바야흐로 고려와 송, 거란 사이에 힘의 균형이 이루어진 것이지. 아무튼 이로 인해 동북아시아는 향후 100여 년간 평화가 계속되었어.

한편 고려는 또 다시 있을지 모를 북방 민족의 침입에 대비하여 강감찬의 건의로 개경 주위에 나성●을 쌓았어. 또 압록강 하구에서 동해안의 도련포에 이르는 천리장성을 쌓아 국경 수비를 한층 강화했지.

나성 도시 전체를 빙 둘러 감싼 성곽.

□ 고려와 여진의 관계는 어떠했나요?

12세기에 접어들면서 만주에서는 거란족이 세운 요나라가 쇠퇴하고 여진족이 점차 강성해지기 시작했어. 여진족은 본래 고려를 부모의 나라로 섬겼던 부족이야. 그러나 완옌부를 중심으로 부족 전체가 통일되

면서 세력이 커져 고려의 국경선인 천리장성 부근까지 남하하여 고려의 영토를 자주 침범해 왔어. 국경에서 벌어진 소규모 전투는 주로 여진이 승리했어. 여진은 말을 타고 싸우는 기병 위주의 군대였고 고려군은 보병 위주였기 때문에 기동성에서 유리한 여진이 이길 수밖에 없었던 거야. 이에 윤관은 임금에게 건의하여 기병 위주의 부대인 별무반을 편성하여 훈련시켰어.

1108년, 윤관은 별무반을 이끌고 천리장성 너머에 있는 여진을 토벌하고 동북 9성을 쌓았어. 그러나 여진이 지속적으로 공격해 오며 화친을 요청하자 쌓은 지 일 년 만에 이 성들을 돌려주고 말았어. 여진족이 고려 정부에 사신을 보내 "고려가 쌓은 아홉 개의 성을 다시 돌려준다면, 우리들은 대대손손 고려를 잘 섬기겠다." 하고 다짐을 한 거야. 이에 고려 조정에서는 여진족의 약속을 믿고 이 땅을 돌려주었어.

성을 돌려받은 여진은? 이 땅을 기반으로 세력을 키워서 1115년에 금나라를 세웠어. 나아가 거란을 압박하면서 고려에 압력을 가해 왔어. 형과 동생의 관계를 맺자고 사절단을 보내온 거야. 이때 고려는 이자겸이 권력을 잡은 시기였는데, 그는 귀족 중심의 사회 구조가 흔들릴 것을 우려하여 금의 요구를 들어주고 말았어. 이로써 태조 왕건 이래로 추진했던 북진 정책은 일시 중단되고 말았지.

□ 고려의 외교 정책과 대외 교류는?

고려의 외교 정책은 기본적으로 온건책과 강경책을 적절히 혼용하며 국가 이익을 추구하는 것이었어. 그러나 엄밀하게 따지면 고려의 외교 방향은 기본적으로 친송 정책과 북진 정책이었어. 따라서 북방 민족의 힘이 강하다고 해서 송과 관계를 끊으면서까지 그들과 통교할 생각은 전혀 없었어. 물론 거란의 위세에 눌려 서희처럼 '송과 관계를 끊겠다'고 약속을 하는 경우가 있기는 했어. 하지만 이 경우에도 말로만 그러겠다고 약속하고, 비밀리에 송과 교류했지.

송나라와 고려의 교류는 양국 모두에게 이익이 되는 '윈-윈' 정책이었어. 고려는 왕실과 귀족들이 사용할 사치품이나 서적 등을 송나라에서 들여왔어. 송은 북방 민족의 침략을 저지할 우방으로 고려가 꼭 필요했지. 송은 무신보다 문신 위주로 나라를 운영했기 때문에 군사력이 약했거든. 고려는 송에 금, 은, 인삼, 종이, 먹, 화문석, 나전 칠기 등을 수출했고, 송에서는 차, 약재, 서적 등 귀족들의 사치품들을 주로 수입해 왔어. 아울러 고려는 사절단 이외에도 학생과 승려를 송에 자주 보내 학술 교류도 시도했어.

거란, 여진과는 경제적 이득이 적고, 북방 민족에 대한 경계심 때문에 교류가 마지못해 이루어졌어. 교역품은 주로 곡식, 옷감, 문방구, 농기구 등을 보냈고, 은, 모피, 군사용 말을 수입해 왔어. 일본과의 교류도 소극적으로 이루어졌어. 일본 상인들이 수은, 횡 등을 가지고 와서 곡식, 인삼, 서적 등과 바꿔 가는 수준이었어.

한편 고려의 무역항인 벽란도*에는 아라비아 상인까지 무역을 하러 오곤 했어. 특히 고려 최대 명절인 팔관회* 개최 시기에는 아라비아 상인들이 다수 와서 수은, 향신료, 산호 등 진기한 물건을 고려의 특산물과 교환해 갔어.

벽란도 황해도 예성강 하류에 있던 고려의 대표 항구. 고려의 수도인 개경 가까이에 있던 국제 무역항으로 외국 상인이 많이 왕래했다.

팔관회 매년 11월 15일에 거행되던 고려 최고의 국가 행사. 불교의례와 우리 민족 고유의 전통의례가 결합된 종교 제전이자 축제였다.

'Korea'의 기원은?

우리나라의 영어 이름이 'Korea'가 된 것은 언제일까? 확실하지 않지만, 'Korea'가 쓰이기 시작한 것은 19세기 후반부터였다고 해.

하지만 우리나라가 서양 세계에 본격적으로 알려진 것은 고려 때부터였어. 고려의 무역항인 벽란도에는 많은 아라비아 상인들이 출입하였고, 이들에 의해 서양에 'Corea'로 소개되었어. 그 후 유럽 지도에 간혹 우리나라가 표시되었는데, 1568년에 두라도가 만든 지도에 'Conray'로, 1601년에 헤레라가 만든 지도에는 'Cory'로 표시되어 있어. 이러한 과정으로 우리나라 이름은 스페인어로 'Corea', 프랑스어로는 'Coree'로 정착되었어. 그리고 19세기 후반경에 영어권에서 'C'가 'K'로 바뀌어 'Korea'가 되었어.

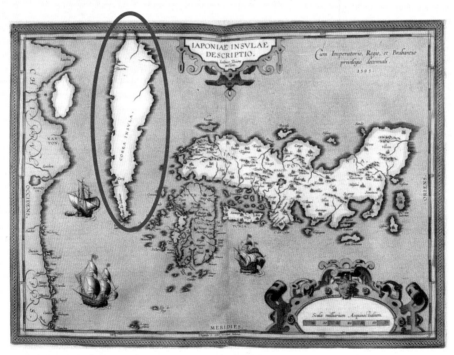

1595년 포르투칼의 선교사인 테이세이라와 벨기에의 지도 제작자 오르텔스가 공동 제작한 우리나라 주변 지도. 유럽의 지도에 한반도가 처음 등장한 시기의 지도로, 'COREA INSVLA'라고 써 있다.

05 이자겸의 난과 묘청의 서경 천도 운동이 일어난 까닭은?

□ 귀족 사회가 동요한 이유는? □ 이자겸은 왜 난을 일으켰나요?
□ 묘청은 왜 서경 천도를 주장했나요? □ 두 사건이 일어난 까닭은 무엇인가요?

□ 귀족 사회가 동요한 이유는?

고려 전기*를 이끌었던 귀족 세력을 '문벌 귀족'이라고 해. 이들은 본래 지방에 기반을 둔 호족 세력이었는데 과거나 군공軍功을 통하여 중앙 관리가 되어 왕실이나 타 귀족과 혼인 관계를 맺으며 지배 세력이 되었어. 그런데 12세기로 접어들면서 문벌 귀족의 장기간에 걸친 권력 독점의 폐해가 드러나며 사회 전체가 동요하기 시작했어. 이러한 현상을 극단적으로 보여 준 사건이 12세기 전반에 일어난 이자겸의 난과 묘청의 서경 천도 운동이었어.

고려 전기 무신정변(1170)이 일어나 문벌 귀족이 몰락하는 12세기 후반까지를 고려 전기라고 한다.

□ 이자겸은 왜 난을 일으켰나요?

이자겸은 경원 이씨로, 예종의 장인이자, 인종의 외할아버지였어. 이자겸의 집안은 고려 전기의 대표적인 문벌 귀족 가문이었어. 그의 할아버지 이자연이 딸을 왕에게 시집보내 왕실과 인연을 맺은 후, 3대에 걸쳐 10명의 왕비를 배출하면서 이씨 집안은 당대 최고의 권력 가문으로 자리 잡았어.

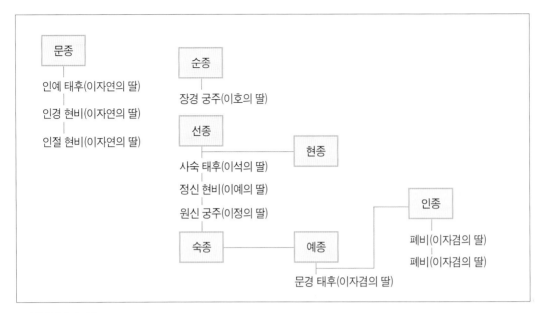

고려 왕실의 혼인 관계도

근친혼 현대 사회에서는 가까운 친척과 결혼하는 근친혼을 부정적으로 생각한다. 그러나 옛날에는 근친혼이 일부 행해졌다. 특히 왕실의 경우는 자신들의 특수한 혈통을 보전한다는 명분으로 근친혼을 장려했다.

특히 이자겸은 예종에게 자신의 딸을 시집보내 권력의 핵심부에 들어선 이후, 권력을 계속 유지하기 위해 외손자인 인종에게 다시 두 딸을 시집보냈어. 따라서 인종은 이모들과 근친혼●을 하게 된 거야. 요즘으로 보면 도저히 있어서는 안 될 그런 결혼을 한 거지. 어찌 되었건, 이자겸은 외척의 지위를 이용해 국가 권력을 쥐게 되었어.

인종은 자신의 권한보다 더 큰 힘을 가지고 있던 이자겸이 비록 외할아버지이자 장인이었지만, 부담스러웠어. 그래서 은밀하게 이자겸을 제거하려 했지. 이제 이자겸은 죽었다. 과연 그랬을까? 그건 아니야. 이자겸이 왕의 의도를 먼저 눈치채고 부하인 척준경과 결탁하여 반란을 일으켰어[1126].

반란군은 궁궐로 들어가 건물들을 불태우고 인종을 잡아 이자겸의 집에 가두었어. 어라! 인종 큰일 났네. 그런데 다시 반전! 인종이 척준경을 설득하여 오히려 이자겸을 붙잡아 버렸어. 인종은 이자겸을 전라도 법성포로 유배 보냈고, 그 후 지방 출신의 신진 관료 세력을 활용하여 척준경마저 제거하고 반란을 진압했어.

□ 묘청은 왜 서경 천도를 주장했나요?

이자겸의 난으로 왕실의 권위는 땅에 떨어졌어. 이자겸이 몰락한 이후에 정치는 김부식으로 대표되는 경주 김씨와 같은 문벌 귀족 세력들에 의해 계속 주도되었어.

이러한 가운데 지방 출신의 신진 관료들을 중심으로 특정 가문의 권력 독점에 대한 반성의 기운이 조금씩 나타나기 시작했어. 당시 신진 세력을 이끈 사람은 서경 출신의 승려 묘청이었어. 그는 정지상·백수한 같은 젊은 관료들과 힘을 합쳐 인종에게 '고려를 황제국이라 칭하고, 독자 연호를 사용하며, 금을 정벌할 것'을 건의했어. 그리고 이 제안을 실현하기 위하여 서경으로 수도를 옮길 것을 강하게 주장했어.

인종은 이들의 의견에 따라 서경에 대화궁이라는 궁궐까지 지으며 수도를 옮기려 했어. 그러나 개경에 기반을 가지고 있던 기존의 귀족 세력들이 끈질기게 서경 천도를 반대해서, 왕은 결국 서경으로의 천도를 포기하고 말았어.

서경 천도를 주장했던 세력은 닭 쫓던 개 지붕 쳐다보는 꼴이 되고 말았지. 화가 머리끝까지 치민 서경파는 묘청을 중심으로 반란을 일으켰어[1135]. 묘청은 나라 이름을 '대위국', 연호를 '천개'라 하며 서경에서 반란을 일으켰는데, 이 난은 1년여를 끌었지만, 김부식이 이끄는 정부군에 의하여 결국 진압되고 말았어.

□ 두 사건이 일어난 까닭은 무엇인가요?

이자겸의 난이나 묘청의 서경 천도 운동은 문벌 귀족들이 100여 년 이상 정치를 주도하면서 겹겹이 쌓인 고려 사회의 모순이 드러난 사건이었어. 특히 묘청의 서경 천도 운동은 개경을 기반으로 한 기존의 귀

족 세력^{개경파}들과 지방 출신으로 새롭게 관리가 되어 활동하던 신진 관료 세력^{서경파}들의 대립 속에 일어난 사건이야. 즉 신진 관료 세력들이 문벌 귀족 세력의 권력 독점에 반발하여 나타난 사건이지.

한편, 문벌 귀족들은 자신들의 정권을 안전하게 유지하기 위해 금나라와 사대 관계를 맺고 북진 정책을 중단했어. 그렇지만 서경파로 상징되는 젊은 관료들은 고려 초기부터 꾸준하게 추진해 온 북진 정책을 계속 진행하려는 의지를 가지고 있었기에 금국 정벌론을 주장했지. 이러한 이유 때문에 일제 강점기 때 독립 운동가인 단재 신채호 선생은 묘청의 서경 천도 운동을 '우리 역사의 제일대사건^{第一大事件}'이라고 높이 평가했어.

이자겸과 굴비

'칠산 바다에 조기가 뛰니, 제주 바다엔 복어가 뛴다.'는 속담을 들어 본 적 있니? 여기서 칠산 바다는 굴비의 고장, 전라남도 영광군 법성포 앞바다에 있는 칠산도 주변 바다를 말해. 이곳에서 조기가 많이 잡혀서 이런 속담이 나왔대.

조기는 한자로 '助도울 조, 氣기운 기'로 우리말로 해석하면, '사람의 기운을 북돋아 주는 고기'라는 뜻이지. 이 조기를 소금으로 간하여 꼬들꼬들하게 말리면, 그 고기가 '굴비'야. 굴비는 한자로 '屈굽을 굴, 非아닐 비'를 써서, 해석하면 '굽히지 않는다'는 뜻이야. 생선 이름치고는 상당히 특이하지.

여기서 퀴즈! 조기 말린 것을 왜 '굴비'라고 했을까? 여기에는 고려 전기의 대표적인 문벌 귀족이었던 이자겸이 자리 잡고 있어. 쿠데타를 통해 인종을 잡아 가둔 이자겸은 믿었던 부하인 척준경의 배신으로 영광에 유배를 가게 되었어. 그가 영광 땅에와서 밥상에 오른 생선을 먹어 보니 아주 맛이 있었어. 그래서 이 생선을 개경에 있는왕에게 보내면서 "내가 비록 귀양을 온 몸이지만 결코 비굴하게 살지는 않겠다."라는의미에서 '굴비'라는 이름을 붙여 보냈어.

따라서 '굴비'란 생선에는 이자겸의 자존심이 담겨 있어. 한편 귀양 가서까지 비굴하게 살지 않겠다고 다짐하며 왕에게 보내는 진상품에 굴비라는 이름을 붙인 것을 보면, 당시에 이자겸의 세력이 어느 정도는 유지되고 있었음을 미루어 짐작할 수 있기도 해.

무신 정권은
어떻게 유지되었을까?

□ 무신정변은 왜 일어났나요? □ 무신들은 어떻게 집권했나요?
□ 최씨 무신 정권은 어떻게 해서 장기 집권을 할 수 있었나요?

□ 무신정변은 왜 일어났나요?

1170년, 무신 정중부가 부하들과 함께 문신들을 제거하고 임금인 의종까지 몰아내는 쿠데타를 일으켰어. 이른바 '무신정변'이야. 이 정변으로 무신들은 고려 건국 이후로 권력을 독점하고 있던 문신들을 몰아내고 1270년까지 100여 년 동안을 무신들의 세상으로 만들었어.

그런데 무신들은 왜 쿠데타를 일으켰을까? 고려는 문신 위주로 나라를 운영했어. 따라서 무신들은 문신에 비해 승진에서 제한을 받았지. 그뿐만 아니라 같은 등급의 벼슬이라 하더라도 전시과를 받는 양이 다르기도 했고, 문신에 비하여 차별을 많이 받았어. 여기에 정치권력을 독점한 문신들은 무신들의 고유 영역이라 할 수 있는 군대의 지휘권마저 차지했지. 전쟁이 일어나도 군대의 최고 지휘관은 문신들이 임명되었어. 거란과의 전쟁에서 큰 공을 세운 강감찬이나 별무반을 편성하여 여진을 몰아

공민왕릉의 문관과 무관 석상
문관 석상이 위에 놓인 것으로 문관과 무관의 지위 차이를 짐작할 수 있다.

낸 윤관도 문신이었어.

　무신에 대한 차별 대우는 묘청의 서경 천도 운동 이후에 더욱 심해졌어. 상장군*이었던 정중부는 김부식의 아들로 젊은 문신이었던 김돈중에게 촛불로 수염을 그을리는 수모를 당했어. 무신정변이 일어났던 당일에는 대장군* 이소응이 젊은 부하와 수박*을 겨뤘어. 그런데 이소응이 지자, 왕의 측근인 문신 한뢰가 대장군인 이소응의 뺨을 때렸어. 이 정도로 수모를 당했으니 무신들의 불만은 폭발 일보 직전이었지.

□ 무신들은 어떻게 집권했나요?

　사실 무신정변은 일반적인 쿠데타와는 성격이 조금 달랐어. 일반적으로 쿠데타는 어느 한 개인이나 집단이 비밀리에 세력을 길러 전격적으로 권력을 장악하지. 그런데 무신정변은 문신들에게 차별을 받아왔던 무신들이 우발적으로 일으킨 사건이야. 앞에서도 이야기했듯이 문신 한뢰에게 대장군 이소응이 뺨을 맞는 사건으로 인해 갑자기 폭발한 거지.

　집단에 의해 주도면밀하게 계획된 쿠데타가 아니었으므로 무신들은 정권을 장악한 뒤에 집단 지도 체제로 나라를 이끌었어. 고려에는 고위급 무신들의 회의체 기구로 '중방'이 있었는데, 무신들은 이 기구를 중심으로 나라를 이끌었지. 그러나 무신들은 서로 권력을 장악하기 위해 자주 다투다 보니 권력자가 여러 차례 교체되었어. 정변이 성공한 이후에는 정변을 주도했던 정중부가 무신 정권을 이끌었어.

　하지만 정중부는 부하였던 경대승*에 의해 살해되었어. 경대승이 병으로 죽은 후에는 이의민*이 최고 권력자가 되었지만, 그 또한 부하인 최충헌에 의해 살해당하는 등 무신 정권 시대에는 하극상의 풍조가 만연했어.

□ 최씨 무신 정권은 어떻게 해서 장기 집권을 할 수 있었나요?

혼란스럽던 무신 정권을 안정시킨 사람은 최충헌이었어. 그는 이의민을 제거하고 최고 실력자가 된 이후 정권을 안정시켜 최씨가 4대 60년간 고려의 정치를 좌지우지하게 만들었지.

최충헌은 최씨 정권을 강화하기 위하여 자기 집에 나랏일을 전체적으로 지휘하는 교정도감을 설치하고 장관인 교정별감을 자신이 맡았어.

최충헌의 권력을 강화시킨 또 하나의 기구는 도방이었어. 도방은 사병 집단으로 일종의 개인 경호 부대였어. 그는 도방의 기능을 한층 강화하여 자신의 권력을 다지는 데 활용했지.

최충헌이 죽은 후 아들 최우가 권력을 물려받았어. 최우는 30년간 장기 집권하면서 교정도감과 도방 이외에 관리들의 인사를 담당하는 기구인 정방과 문신들의 자문 기구인 서방을 만들어 최씨 정권을 안정적으로 운영했어. 또한 군사 조직으로 삼별초를 만들어 도방과 함께 자

호신용 경전(아래)과 경갑 (위) 최충헌과 그의 두 아들 최우·최항을 위해 만든 휴대용 불경과 은 바탕에 금을 입힌 경갑이다.

신의 권력을 강화하는 군사 기반으로 삼았지.

최씨 무신 정권은 최우 이후에도 최항, 최의까지 계속되었어. 그러나 달도 차면 기울듯이 최씨 무신 정권도 끝이 있었어.

최우 시대에 몽골이 쳐들어왔어. 고려는 몽골과 40여 년간 전쟁을 치렀지. 최우는 세계 최강의 군대인 몽골군을 상대하기 위하여 강화도로 들어가 결사 항전했어. 허나 좁은 강화도 안에서 방어만 하면서 살다 보니 무신 정권 내부에 갈등이 생겼고 최씨 정권의 4대 실력자 최의가 집권하던 시기에 최의가 부하들에게 살해되었어. 1258년의 일로 4대 60년간 이어져 오던 최씨 무신 정권이 막을 내린 순간이었지.

물론 그렇다고 해서 무신 정권 자체가 끝난 것은 아니야. 무신 정권은 최씨 무신 정권이 끝난 이후에도 김준, 임연, 임유무로 이어지며 1270년까지 지속되었어. 그러다 1270년, 무신 정권의 마지막 권력자 임유무가 문신들에 의해 살해되면서 종말을 고했어.

1270년에는 몽골과 화해하며 전쟁도 끝냈어. 무신 정권을 끝장낸 왕과 문신들이 몽골의 화해 조건인 개경 환도*를 들어주고 몽골과의 오랜 전쟁을 끝낸 거지. 몽골이 처음 쳐들어온 지 40년만의 일이었어.

환도 수도를 원래 있던 곳으로 옮기는 것

최씨 무신 정권을 유지했던 권력 기구들

최충헌이 권력을 잡은 이후, 그 후예들은 어떤 기구를 설치하여 자신들의 기반을 공고히 했을까? 최씨 무신 정권을 유지했던 권력 기구들을 꼼꼼히 살펴보면 다음과 같아.

교정도감 최충헌이 만든 기구로 반대 세력 제거, 행정 감시, 세금 징수 등 국정을 총괄한 기구야. 이 기구의 장관을 교정별감이라 했는데, 최씨가 대를 이어가며 세습했지.

도방 사병 집단으로, 본래는 경대승이 자신의 신변을 보호하기 위해 설치했어. 최충헌은 도방의 기능을 더욱 강화시켜 3,000명 정도의 사병을 6교대로 하여 자신의 집을 지키게 했대. 이러니 어느 누가 감히 최충헌을 죽이려 했겠어.

정방 최우가 자기 집에 설치한 인사 관리 기구. 모든 관리의 임명과 파면, 부서 이동이 이 기구를 통해 이루어졌어. 그러니 관리들은 높은 관직을 얻기 위해서 왕보다 최씨에게 잘 보여야 했어.

서방 최우 시대에 문신들에게 정치적 자문을 얻기 위하여 만든 기구야. 고려 후기의 대표적 문장가인 이인로, 이규보, 최자 등이 이 기구를 기반으로 필명을 떨쳤지.

삼별초 최우 시대에 치안 유지를 위해 설치한 야별초에서 유래된 군대야. 별초란 '용감한 병사들로 조직된 선발군'이라는 뜻이지. 야별초는 후에 병력이 많아지며 좌별초·우별초로 나뉘었어. 한편 몽골군에 포로가 되었다가 탈출한 병사들로 신의군을 조직했어. 이 세 부대를 합하여 삼별초라 불렀어. 삼별초는 국가의 공식적인 군사 기구로 몽골과의 전쟁 때 선봉에 서서 몽골군과 싸웠으나, 최씨 무신 정권을 수호하는 사병 집단의 성격도 지니고 있었어.

무신 정권의 결말은?

문신 위주의 나라 운영으로 차별 대우를 받던 무신들에 의해

숭문
(崇文)

천무
(賤武)

1170년 무신 정변이 일어났다.

문신의 씨를 남기지 말라!

그러나 우발적 사건에 의한 쿠데타가 되다 보니 치열한 정권 다툼이 전개되었고

정중부 -> 경대승 ->
이의민 -> 최충헌

최충헌에 의해 마무리되었다.

최씨
세상

최우, 최항, 최의에 의해 지속된 무신 정권은

받아,
아들~

정권

4대 60년

침입해 온 몽골과 항쟁하는 과정에 몰락하고

강화도 천도

최씨 정권 몰락

화의,
개경 환도

고려는 40년간의 항쟁을 끝내고 원의 간섭에 들어가게 되었다.

원

07 무신 정권기에 **농민과 천민의 저항 운동**이 활발했던 까닭은?

☐ 농민과 천민은 왜 정권에 저항했나요?
☐ 농민·천민의 봉기로 어떤 것들이 있었나요?

☐ 농민과 천민은 왜 정권에 저항했나요?

무신 정권기는 우리 역사에서 농민과 천민들이 자신의 뜻을 가장 적극적으로 표현했던 시기야. 고려 중기 이후 권세가, 지방관, 향리들은 백성들에게 조세 명목으로 각종 생산물을 지나치게 많이 빼앗았으며, 권력을 이용하여 고리대[*] 행위를 하고 토지를 강제로 빼앗는 일을 밥 먹듯이 했어.

고리대 곡물이나 돈을 빌려 주고 부당하게 비싼 이자를 받는 행위.

무신 정권이 들어선 뒤에도 백성들을 등치는 지배층의 갈취 행위는 계속되었어. 그러니 사람들의 불만은 자꾸만 쌓여 갈 수밖에 없었지. 여기에 이의민처럼 천민 출신이 최고 권력자가 되는 등 귀족 중심의 신분 질서가 흔들리기 시작했어. 이런 상황은 피지배층의 신분 상승 욕구를 자극했고, 결국 농민·천민의 봉기가 여러 지역에서 일어나게 되었어.

☐ 농민·천민의 봉기로 어떤 것들이 있었나요?

유수 요즘으로 치면 평양의 행정을 책임진 시장.

고려의 2대 도시였던 서경에서 유수[*] 조위총이 무신 정권 타도를 외치며 난을 일으켰어. 이 난은 서경을 책임진 문신 관리가 주도했지만,

일반 백성들이 대규모로 가담하여 수년 동안 지속되었기에 전국 각지에서 일어나는 민란의 선구자 역할을 했어.

천민들의 봉기가 가장 먼저 일어난 곳은 공주 명학소야. 망이·망소이 형제가 주도했지. 소는 향, 부곡과 함께 천민들이 사는 곳으로 국가에서 필요로 하는 수공업품을 전문적으로 생산했어. 공주의 명학소에 살았던 망이·망소이 형제는 착취와 차별 대우에 반발하여 신분 상승을 요구하는 난을 일으켰지[1176]. 이 난은 비록 실패했지만, 무신 정권은 이들을 회유하기 위해 명학소를 충순현으로 승격시켜 주었어. 천민들의 신분 상승이 실제 이루어진 것은 이때가 처음이었지.

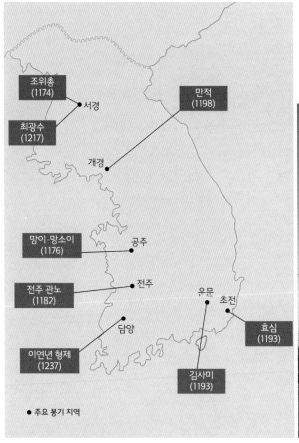

무신 정권기 농민과 천민의 봉기

공주 명학소 망이·망소이 봉기 기념탑

경상도 운문경북 청도과 초전울산에서는 김사미와 효심이 신라 부흥을 외치며 난을 일으켜 한때 경상도 전역을 장악하기도 했어. 서경에서는 최광수가 고구려 부흥을, 전라도 담양에서는 이연년 형제가 백제 부흥을 외치며 봉기했지.

전라도 전주에서도 관청의 노비들이 지방관의 혹독한 착취에 반발하여 난을 일으켰고, 고려의 수도였던 개경에서는 최충헌 집안의 노비 만적이 대규모 봉기를 계획하기도 했어. 만적은 노비들을 모아 놓고 "무신 정변 이래로 천한 무리에서 높은 관직에 오르는 경우가 많이 일어났으니, 장군과 재상이 어찌 씨가 따로 있으랴? 때가 오면 누구나 할 수 있는 것이다."라고 하면서 신분 해방과 함께 정권까지 노렸다고 해. 그러나 만적의 봉기는 사전에 발각되어 물거품이 되고 말았지.

어느 시대건 백성을 업신여기는 정권은 저항에 부딪칠 수밖에 없어. 고려 후기 무신 정권 시기의 여러 난들도 결국은 자기들의 안위를 위하여 지배층이 백성들을 못살게 굴다가 발생한 대규모 저항 운동이었다고 말할 수 있지.

만적의 봉기가 실패한 이유

1198년, 최충헌의 노비였던 만적을 비롯한 6명의 노비가 개경 북산에서 나무를 하던 노비들을 전부 불러 모았어. 그리고 그들을 설득했어.

"국가에서 정중부의 반란, 김보당의 반란이 있은 이래로 높은 관리가 천민과 노비에서 많이 나왔다. 장군과 재상의 씨가 어찌 따로 있단 말인가? 누구나 때가 오면 할 수 있는 것이다. 우리가 왜 근육과 뼈를 괴롭게 하며 채찍 밑에서 고통을 겪어야 하는가!"

만적이 사자후를 토해 내자, 그 자리에 있던 노비들이 전부 동조하였어. 그래서 누런 종이 수천 장을 잘라 모두 丁정자를 새겨 표지로 삼고, 각자의 주인을 죽이고 천민이 없는 나라를 만들자고 약속하였지.

그러나 정해진 날에 모인 사람은 수백 명을 넘지 못했어. 수가 너무 적어 실망한 지도부는 거사일을 다시 잡아 모이기로 약속하고 뿔뿔이 흩어졌어. 이날 참석했던 노비 중에 율학박사 한충유의 노비 순정도 있었어. 순정은 모의가 발각되어 자신에게 피해가 미칠 것을 우려하여, 주인에게 만적 일당의 거사 비밀을 발설해 버렸어.

결과는? 만적 등 100여 명의 노비가 붙잡혀서 강물에 던져지고 말았어. 밀고자 순정은? 밀고한 대가로 80냥을 하사받았으며, 양인으로 신분이 승격되어 잘 먹고 잘 살았다고 해.

만적의 봉기는 계획대로 일이 진행되었다면 고려 최대의 민란이 되었겠지만, 거사 직전에 밀고자가 나와 결국 실패로 끝나고 말았어.

08 고려는 몽골의 침입에 어떻게 맞섰는가?

□ 몽골이 고려를 침입하게 된 배경은? □ 고려는 몽골의 침략에 어떻게 맞서 싸웠나요?
□ 강화도에 웅크리고 있던 지배층은 어떻게 살았나요?
□ 몽골과의 전쟁은 어떻게 끝났나요? □ 삼별초는 왜 고려 정부를 상대로 싸웠나요?

□ 몽골이 고려를 침입하게 된 배경은?

무신 정권은 13세기 전반에 큰 위기를 맞았어. 만리장성 이북의 초원 지대에서 살고 있던 몽골족이 테무친*을 중심으로 뭉치기 시작하여 중국의 북쪽 지역을 장악하고 있던 금나라를 공격하면서 고려에까지 힘을 뻗쳐 왔지.

고려와 몽골의 첫 접촉은 서경 부근 강동성에서 있었어. 몽골의 공격으로 금나라의 힘이 약화되자, 그 틈을 타서 랴오둥 지방에서 거란족이 대요수국을 세웠어. 허나 대요수국은 영역을 급속히 넓혀 오는 몽골군 때문에 힘을 펼 수 없었고, 남하해 오는 몽골군에 쫓겨서 고려 영토로 들어와 한때 개경을 위협할 정도로 고려를 괴롭혔지[1216].

몽골은 고려에 거란족 섬멸을 위한 공동 작전을 제의했고, 고려군과 몽골군은 힘을 합쳐서 강동성 안에 포위되어 있던 거란군을 섬멸했어. 이를 계기로 고려와 몽골은 공식적인 외교 관계를 맺었고, 이후 몽골은 거란을 물리쳐 줬다는 이유로 무리한 조공을 자주 요구해 왔어.

그런데 문제가 발생했어. 고려에 사신으로 왔던 몽골 관리 저고여가 개경에서 안하무인격으로 행동해서 고려 사람들의 원성을 사더니, 어찌된 일인지 귀국길에 국경선 부근에서 살해당하고 말았어. 몽골에서

테무친(1155~1227) 몽골의 부족을 통일하여 몽골 제국을 세운 칭기즈 칸의 본명. 칸은 몽골에서 군주에게 붙인 호칭이다.

는 이 사건을 고려 사람의 행패라고 우기면서 고려에 책임을 묻더니 외교 관계를 일방적으로 끊어 버렸어.

□ 고려는 몽골의 침략에 어떻게 맞서 싸웠나요?

1231년에 몽골은 국경선을 넘어 고려로 쳐들어왔어. 당시 고려의 집권자였던 최우는 몽골군이 개경을 포위하고 충주까지 진격하자, 깜짝 놀라서 무조건 항복을 선언했어. 이에 화해가 이루어져서 살리타가 이끈 몽골군은 돌아가고, 고려는 몽골을 상전으로 모셔야 했어. 그러나 몽골은 고려에게 너무나 많은 특산물과 여자를 요구했어. 고려는 몽골이 무섭기는 했으나, 그렇다고 몽골의 요구 조건을 다 들어주기에는 너무 힘에 벅찼어. 결국 최우는 몽골과 다시 싸우기로 결심하고, 몽골군과 대적하기에 유리한 강화도로 수도를 옮겼어.

그런데 최우는 왜 수도를 강화도로 옮겼을까? 그것은 몽골군이 초원 지대에서만 살아서 물에 약하다는 약점을 알고 있었기 때문이야. 육지에서 강화도 해안까지 가까운 곳은 불과 500여 미터밖에 되지 않았지만, 그럼에도 불구하고 몽골군은 최우의 생각대로 고려가 스스로 항복하여 전쟁이 끝날 때까지 40여 년간 강화도를 점령하지 못했어. 따라서 강화 천도는 당시 고려의 입장에서 최선의 방어책이었다고 할 수 있겠지.

하지만 고려 정부가 강화도에 있던 기간은 백성들에게는 고단한 세월이기만 했어. 강화도로 옮겨 간 것은 최씨 집안을 비롯한 지배층들뿐이었고, 백성들에게는 산성과 섬으로 피신하라는 명령만 내렸을 뿐, 뚜렷한 대책을 세워 주지 않았거든. 육지에 살고 있던 수많은 백성들은 몽골과의 전쟁 기간 동안 살아남기 위해 갖은 고통 속에 몸부림쳐야만 했어.

처인성 전투를 그린 기록화

전투 또한 마찬가지였어. 지배층은 강화도 안에 거주하면서 정권 유지에만 급급하였고, 육지에서의 실제 전투는 농민들과 천민들에 의해 치러졌어. 몽골이 처음 쳐들어왔을 때 평안도 귀주성에서는 박서의 지휘하에 백성들이 스스로 전투에 참여하여 끝까지 성을 지켰어. 충청도 충주에서는 몽골군이 쳐들어온다고 하자 관리들이 모두 도망쳤어. 끝까지 성을 지킨 것은 관청에서 허드렛일을 하던 노비들이었어. 그럼에도 불구하고 몽골군이 물러가자 다시 성으로 돌아온 관리들은 없어진 물건들을 노비들이 훔쳐갔다고 하면서 도둑놈으로 몰았어. 참으로 어처구니가 없는 일이었지.

강화 천도 이후에 몽골이 다시 쳐들어왔을 때도 마찬가지였어. 처인성경기 용인은 당시 특수 행정 구역으로 분류되어 부곡민이 사는 곳이었는데, 승려 김윤후는 이들과 합심하여 끝까지 성을 지켜 냈어. 이 전투에서 몽골군은 사령관인 살리타를 잃고 쓸쓸히 귀국해야 했지.

이후 전투도 마찬가지였어. 5차 침략 때, 충주성을 지키고 있던 김윤후는 몽골군이 쳐들어오자, 노비들을 불러 놓고 '만약 힘을 다해 싸워

이기면, 귀천을 가리지 않고 모두 관직을 줄 것'이라고 약속했어. 이 전투에서 노비들은 강력한 몽골군을 상대로 70여 일을 버티며 결국 성을 지켜 내고야 말았지.

이처럼 몽골과의 전쟁은 강화도에 있던 지배층이 주도한 게 아니었어. 풍전등화의 위기에 놓인 나라를 구하기 위하여 농민이나 천민들이 자발적으로 일어났던 거지.

□ 강화도에 웅크리고 있던 지배층은 어떻게 살았나요?

어떻게 살았을까? 밖에서 백성들이 싸우고 있는데, 설마 놀기야 했을라고. 백성들과 아픔을 함께했겠지. 뭐? 천만의 말씀이라고?

그래 맞아. 지배층의 강화도 생활은 개경에서 살 때와 별 차이가 없이 호화롭기만 했어. 당시 집권자인 최우가 왕과 고위 관리들을 초청해서 잔치를 열었는데, 비단으로 거대한 천막을 치고 악공 1,350명이 음악을 연주하니, 그 소리가 천지를 진동했다고 해.

아이러니하게도 우리가 세계에 자랑하는 상감청자의 전성기가 이 시기야. 팔만대장경이 조판된 것도 이 시기이고. 팔만대장경 조판의 경우, 부처님의 힘을 빌려 몽골 침략을 물리치기 위해서 시작한 사업이었기에 지배층의 사치 생활과는 무관하다고 볼 수 있어. 하지만 전쟁을 치르면서 막대한 경비가 들어가는 사업을 진행했다는 것은 이 시기 지배층의 행동이 얼마나 무사안일에 빠져 있었는가를 보여 주는 증거라고 할 수 있지.

□ 몽골과의 전쟁은 어떻게 끝났나요?

1258년, 몽골과의 항전을 이끌었던 최씨 정권이 무너졌어. 정권의 마지막 승계자였던 최의가 자기 부하인 김준에게 살해당했어. 그 후 몽골과 고려 사이에는 화해 논의가 이루어졌지. 그러나 여전히 정권은 무신들의 손에 있었고, 그들은 자신들의 기반이 송두리째 무너질 것을 우려하여 화해의 조건인 개경 환도를 반대하고 있었어.

1270년, 무신 정권의 마지막 권력자인 임유무가 피살당하고, 왕의 명령에 의하여 드디어 개경으로 수도를 옮겼어. 정중부를 중심으로 무신들이 난을 일으켜 고려 정부를 장악했던 1170년으로부터 딱 100년 만의 일이야.

몽골과의 전쟁으로 고려는 큰 피해를 입었어. 부처님의 힘으로 거란 침략을 물리치기 위해 만들었던 초조대장경 목판과 신라 선덕여왕 때 세운 경주의 황룡사 구층목탑이 불타 버렸어. 전 국토는 오랜 전란으로 황폐화되었고, 백성들의 삶 또한 크게 피폐해졌어.

100년 무신 정권 이여, 안녕~

한편 몽골은 고려와 평화 조약을 체결할 때, 고려가 개경으로 수도로 옮기기만 하면 고려의 제도와 풍속을 인정하고 독립국 체제를 보장하겠다고 약속을 했어. 몽골은 이 약속을 지켰지만 이후로 고려 내정을 사사건건 간섭했어.

□ 삼별초는 왜 고려 정부를 상대로 싸웠나요?

삼별초는 무신 정권의 군사 기반임과 동시에 몽골과의 전쟁에서 고려의 주력 부대로 활약했어. 그런데 새로 왕이 된 원종이 개경으로 수도를 옮길 것을 명하자, 이에 반발하여 고려 정부와 몽골을 상대로 전쟁을 벌였지.

삼별초 항쟁의 지휘자는 배중손이란 사람이야. 그는 "몽골이 대거 침입하여 고려 백성을 살육하려고 한다. 무릇 나라를 구할 뜻이 있는 자는 모두 모여라."라고 하면서, 강화도에서 새 왕을 추대하고 개경으로 옮겨 간 정부를 상대로 싸움을 시작했지[1270]. 삼별초가 항쟁을 시작하자 많은 백성들이 함께하였고, 삼별초는 근거지를 남쪽에 있는 섬인 진도로 옮겨 전라도와 경상도 일대를 장악하고 세력을 넓혀 갔어.

하지만 삼별초의 항쟁은 오래 가지 못했어. 왜 그랬냐고? 이들의 힘이 강했다고는 하나, 여·몽 연합군을 상대로 싸움을 할 정도로는 강하지 못했기 때문이야. 그래서 진도로 쳐들어오는 고려군과 몽골군을 당해 내지 못하고 패배하여 제주도로 거점을 옮겨야 했지. 제주도에서는? 노도와 같이 쳐들어오는 1만여 명의 여·몽 연합군에 밀려 제주도의 삼별초군도 섬멸되고 말았어[1273].

결국 고려의 자주성을 내세우며 고려 정부와 몽골군에 반기를 들었던 삼별초는 3년 만에 사라졌어. 그 결과 고려는 몽골의 속국이 되어 몽골이 하자는 대로 할 수밖에 없는 허수아비 국가가 되고 말았고.

용장산성(전남 진도) 배중손이 이끈 삼별초군이 몽골과 싸울 때 근거지로 삼았던 성이다.

어느 시대에나 배신자는 있다?

몽골과의 전쟁 때, 육지에서 막강한 몽골군을 상대로 열심히 싸운 사람들은 농민들과 천민들이었어. 그러나 고려인 중에는 몽골군에 붙어서 부귀영화를 누린 사람들도 분명 있었어.

홍복원은 몽골군이 쳐들어오자, 재빨리 항복하여 몽골군을 따라 만주에 가 살면서 몽골이 고려를 침범할 때마다 앞잡이로 와서 사람들을 괴롭혔어. 또한 그의 아들인 홍다구는 삼별초 항쟁이 일어났을 때 진압에 앞장섰으며, 원나라의 지시로 고려가 일본 원정을 준비할 때에 우리 백성들을 혹독하게 다루어 원성이 자자하였어.

조휘와 탁청은 동북면 병마사를 죽이고 몽골에 항복하였는데, 몽골은 동북면 지역(강원도 북부와 함경도 남부)에 쌍성 총관부를 설치하고 조휘를 총관으로 삼아 몽골 영토로 귀속시켰어. 최탄은 무신 정권을 끝장내겠다며 백성들을 선동하여 반란을 일으켰으나, 결국에는 자비령 이북 땅(평안도 지역)을 몽골에 바치고 항복했어. 몽골은 이 지역에 동녕부를 설치하여 최탄을 총관으로 임명하고 몽골 영토로 귀속시켰어.

이처럼 고려인 중에는 몽골 침략 도중에 몽골의 앞잡이가 된 사람들도 있었어. 이들은 당시에는 잘 먹고 잘 살았어. 그러나 역사는 이들을 용서하지 않았어. 그들의 이름 앞에는 '배신자'라는 오명이 영원히 붙어 다니고 있지.

역사란 학문이 과거의 사실만 다루는 고리타분한 이야기책 같지만, 역사를 두려워하고 최대한 진실되게 살려고 해야 하는 이유를 이런 사례에서 찾을 수 있어. 또 이런 이유 때문에 역사 공부를 잘 해야 하고.

09

원나라 간섭기에 **공민왕은** 어떤 정책을 펼쳤는가?

☐ 원나라는 고려를 어떻게 간섭했나요?

강화도에서 개경으로 수도를 옮기면서 정치의 주도권은 무신에서 왕과 문신들에게로 넘어왔어[1270]. 이때부터 고려는 80여 년간 원[원]의 간섭을 받으며 살아야 했지. 이 시기의 고려왕들은 세자 시절에 원의 수도에 인질로 잡혀 있다가, 본국인 고려에서 부왕이 죽었다는 소식이 전해져 오면 원나라 황제가 지명하는 황족의 딸과 결혼하고 충성을 다짐한 후에 고려왕으로 봉해졌어.

원이 고려를 복속하고 나서 가장 먼저 한 일은 일본 원정 준비였어. 일본은 원나라가 여러 차례 사신을 보내 조공을 바칠 것을 요구했지만 일체 응하지 않았어. 이에 화가 난 원나라는 일본을 언젠가는 정벌하기 위해 맘속 준비를 단단히 했어. 그러나 바다를 건너 일본까지 가는 것 자체가 원나라에게는 꿈에 불과했어. 아니 왜? 일본까지 타고 갈 배 만드는 기술도 항해술도 없었거든.

원나라는 고려가 항복해 오자 정동행성[정동행성]이라는 기구를 고려 땅에 설치하고 일본 원정 준비를 전적으로 고려에게 맡겼어. 고려는 배 만드는 기술을 가지고 있고, 바닷길에도 익숙해서 일본 원정을 준비하는 데 적격이었지.

원 元. 몽골의 제5대 칸 쿠빌라이가 1271년 중국 본토를 기반으로 세운 나라.

정동행성 본래는 일본 원정 준비 기관으로 만들어졌으나, 원정 실패 이후에도 존속하며 고려 내정을 간섭했다.

몽고습래회사 1247년과 1281년에 이루어진 여·원 연합군의 일본 원정을 묘사한 그림이다.

고려 백성들은 원의 요구에 따라 일본 원정에 나서는 여·원 연합군을 위해 일본 열도까지 타고 갈 선박을 만들어야 했고, 조정은 군량미를 비축하는 등 인적·물적 지원으로 등골이 휘어졌어.

여·원 연합군의 일본 원정은 두 번 이루어졌어. 그러나 두 번 모두 일본 앞바다에서 태풍을 만나 실패하고 말았어. 그 후 정동행성은 내정 간섭 기구로 변하여 원 간섭기 내내 고려의 정치를 간섭하는 핵심 기구로 존재했어.

한편 원은 고려의 북쪽 지방과 탐라^{제주도}를 자기들 마음대로 가져갔으며, 왕실의 용어와 관청의 명칭도 자기들과 같은 이름을 사용해서는 안 된다면서 그 이름을 전부 바꿔 버렸어. 그뿐만 아니라 해마다 수많은 특산물을 바치게 했지.

원나라 간섭기에 고려가 원에 보낸 공물 중 고려 사람을 가장 괴롭힌 것은 사냥에 필요한 훈련된 매와 젊은 여자였다고 해. 야생 매를 잡아 와 조련하기 위해 응방이라는 기구까지 설치하여 매 훈련을 시켜야 했으며, 자기 딸을 원에 보내지 않기 위해 각 집안이 딸 단속에 적극 나섰다고 해. 이 시기에 어린 나이에 결혼하는 조혼의 풍습이 유행했는데, 이 또한 원나라에 딸을 보내지 않기 위한 고육지책 속에서 나타난

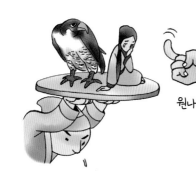

원나라

풍습이었다고 해.

왕실 또한 원의 간섭에서 자유롭지 못했어. 고려의 임금은 세자 시절에 원나라에 인질로 끌려갔다가 왕이 죽었다는 소식이 오면 원의 승인을 받은 후에 귀국해 왕위를 이어야 했어. 이때 부인은 반드시 원나라 공주여야 했지. 죽은 후에 왕의 업적에 따라 붙여 주는 이름도 '원나라에 충성을 다했다'는 의미에서 맨 앞 글자를 '충忠'으로 해야 했어. 충렬왕, 충선왕, 충혜왕, 충목왕과 같이 말이야.

이처럼 원은 고려왕을 자기들의 통제 아래에 두고, 그들을 통해 고려 전체를 간접적으로 지배했어.

□ 고려 후기를 이끌어 간 세력은?

원나라가 고려의 정치를 간섭하던 시기의 지배층을 권문세족이라고 해. 전부터 세력을 유지한 가문도 있었지만 몽골어를 잘하거나 원에서 생활하면서 힘을 얻은 세력측근 세력도 있었지. 대체적으로 권문세족은 원나라의 세력을 등에 업고 권세를 누리던 사람들이었기에 친원파라고 할 수 있어.

이들은 가문의 힘을 바탕으로 음서를 통해 신분을 세습했어. 그뿐만 아니라 백성들의 토지를 강제로 빼앗아 강과 하천을 경계로 삼을 만큼 농장을 소유하고도 국가에 세금을 내지 않았지. 더구나 가난한 농민들을 농상으로 끌어들여 노비처럼 부리며 부를 축적해 갔어. 현실이 이러하다 보니, 세금을 내야 할 백성들이 크게 줄어 국가 재정은 매우 궁핍해질 수밖에 없었고 백성들의 삶 또한 말로 표현할 수 없을 정도로 곤궁했어. 이러한 문제점을 개선하기 위하여 충선왕과 충목왕은 국가 재정 확보와 민생 안정을 위한 개혁을 추진하기도 했어. 하지만 왕 중심의 개혁은 권문세족의 힘을 누를 수 없어서 실패로 끝나고는 했지.

□ 공민왕의 개혁 정치는 어떻게 전개되었나요?

고려가 원의 간섭을 받은 지 80여 년이 지난 14세기 중엽, 원은 점점 쇠퇴해 가고 있었어. 이 시기에 왕이 된 공민왕은 원의 힘이 크게 약화되고 있음을 감지하고 원의 간섭에서 벗어나기 위한 반원 자주 개혁 정치를 적극적으로 추진했지.

공민왕은 먼저 원의 힘을 믿고 횡포를 부리던 기철[•] 일당을 제거했어. 또 친원파의 소굴로 관리들의 인사권을 장악하고 있던 정방을 폐지하여 왕권을 강화했지. 원의 간섭으로 바뀌었던 정치 제도와 왕실 용어들도 원래대로 되돌렸으며, 변발과 같은 몽골식 생활 풍속인 '몽골풍'도 금지했어. 또한 원 간섭 초기에 강제로 가져가 끝까지 돌려주지 않고 있던 철령 이북의 땅인 쌍성 총관부 지역을 무력을 사용하여 되찾았어. 이로 인하여 고려 전기 때 보다 고려의 영토가 북쪽으로 더 넓어졌지. 공민왕의 개혁은 여기서 끝나지 않았어. 승려 신돈을 등용하여 전민변정도감[•]을 설치, 권문세족이 불법적으로 빼앗은 땅을 본래 주인에게 돌려주게 했어. 또 강제로 노비가 된 사람들을 양인으로 환원시켜 국가 재정을 확대함과 동시에 권문세족의 힘을 약화시키려 했어.

이러한 공민왕의 개혁 조치들은 당연히 백성들로부터는 크게 환영을 받았어. 그러나 권문세족들은 반발했지. 그들은 신돈의 개혁에 조직적으로 저항했고, 끝내는 신돈을 모함하여 사형에 처했어.

한편, 공민왕은 지극히 사랑하던 부인인 노국대장공주가 죽자, 정치에 뜻을 잃고 방황하다가 결국 총애하던 신하들에 의해 피살되고 말았어. 공민왕의 개혁 정치는 결실을 맺지 못하고 중단되고 말았지. 공민왕의 개혁 정치가 실패한 원인은 개혁에 딴지를 건 권문세족에게 대적할 만한 지지 세력이 없었기 때문이기도 했지만, 북쪽의 홍건적과 남쪽의 왜구가 자꾸 쳐들어와서 내부 개혁에만 힘을 집중할 수 없었던 측면도 있어.

기철(?~1356) 공녀로 원나라에 끌려갔으나 원의 황제인 순제의 부인이 된 기황후의 오빠로, 동생의 위세를 믿고 백성들을 무척 괴롭혔다.

전민변정도감 田民辨正都監. 고려 말에 권문세족들에게 빼앗긴 토지(田)를 원래의 주인에게 되돌려 주고 억울하게 노비(民)가 된 사람들을 풀어 주려고 임시로 설치한 관청.

노국대장공주가 끝까지 살아 있었다면?

공민왕의 부인은 노국대장공주야. 원나라 황실의 여자로 원의 정략결혼 정책으로 인하여 공민왕과 혼인하게 되었어. 원나라 간섭기 때 고려왕들은 무조건 원나라 공주와 혼인해야 했어. '얼굴이 못생겼다.', '사랑하는 여자가 있다.' 등의 핑계는 전혀 소용이 없었지. 싫든 좋든, 오직 원나라 황제의 명에 의하여 짝을 이루어야 했어. 그러다 보니 원나라 간섭기 때 임금을 했던 충렬왕, 충선왕, 충숙왕, 충혜왕, 충목왕, 충정왕은 전부 왕비와 사이가 좋지 못했어.

공민왕과 노국대장공주 영정(종묘 공민왕 신당)

그런데, 오직 한 사람! 원에 의해 마지막으로 임명된 공민왕만은 부인과 금슬이 무척 좋았어. 그녀는 원나라 황실의 여자였음에도 불구하고, 공민왕의 반원 자주 개혁 정치를 적극적으로 후원하였으며, 이에 불만을 품은 친원파들이 공민왕을 죽이려 할 때에도 방문 앞에 떡하니 버티고 서서 공민왕을 끝까지 보호해 주었어.

이처럼 공민왕의 든든한 후원자였던 노국대장공주가 아기를 낳다가 죽고 말았어. 이때부터 공민왕은 정치에 뜻을 잃고 향락 생활을 일삼으며 나라를 엉망으로 만들었지.

역사에 '만약에'라는 가정은 무의미한 것이지만, 그래도 '만약에 노국대장공주가 끝까지 살아 있었다면?'이라는 단서를 딸아 당시 상황을 생각해 본다면 어떨까? 어쩌면 공민왕의 개혁 정치는 끝까지 추진되었을지도 모를 일이지. 그리고 그때 고려의 개혁이 성공적으로 이루어졌다면, 고려의 수명이 더 연장될 수 있었을지도 모르고 말이야.

공민왕의 개혁 정책

10

고려 왕조가
망한 까닭은?

☐ 새롭게 성장하는 무인 세력은 어떻게 등장했나요?
☐ 신진 사대부는 어떤 사람들인가요? ☐ 고려 왕조는 어떻게 멸망했나요?

☐ 새롭게 성장하는 무인 세력은 어떻게 등장했나요?

홍건적은 원나라가 쇠약해진 틈을 타서 일어난 한족●의 농민군으로, 그들 가운데 일부가 원의 반격에 밀려 두 번이나 고려로 쳐들어왔어. 1차 침입 때는 그런대로 막아 냈지만, 2차 때는 개경이 함락되어 공민왕이 경상북도 안동까지 피란을 가야 하는 상황이 벌어졌어.

한편, 일본 쓰시마섬^{대마도}을 본거지로 삼아서 고려나 원나라의 해안 지방을 침범하여 노략질을 일삼았던 왜구도 공민왕 때부터 크게 번성하여 민심을 흉흉하게 만들었어.

이러한 때에 홍건적과 왜구를 물리치면서 성장한 세력이 있었어. 최영, 이성계, 조민수, 최무선, 박위 등이 바로 그들로, 이들을 신흥 무인 세력이라 해.

최영은 충청도 홍산에서, 이성계는 전라도 남원의 황산에서 왜구를 크게 물리쳤어. 최무선은 진포^{전북 군산} 앞바다에서 우리나라 최초로 화포를 사용하여 왜구를 격퇴하는 데 큰 공을 세웠어. 박위는 전함 100척을 이끌고 왜구의 소굴인 쓰시마섬을 직접 공격하여 그들의 기세를 꺾기도 했지.

한족 漢族. 다민족 국가인 현재 중국의 주축을 이루는 종족.

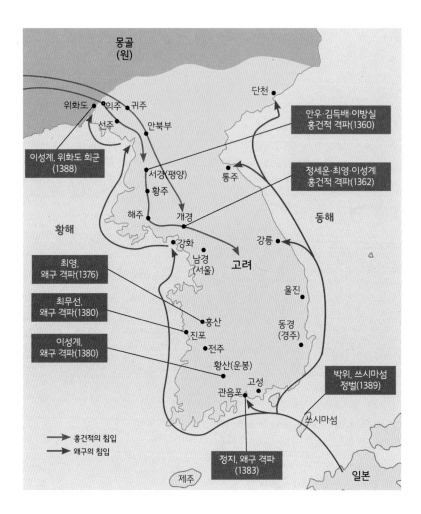

**몽골
(원)**

단천

위화도 • 의주 • 귀주
선주
안북부

안우·김득배·이방실
홍건적 격파(1360)

이성계, 위화도 회군
(1388)

서경(평양)
황주
통주

정세운·최영·이성계
홍건적 격파(1362)

해주
개경

황해

동해

강화
남경
(서울)
고려

강릉

최영,
왜구 격파(1376)

울진

최무선,
왜구 격파(1380)

홍산
진포

동경
(경주)

이성계,
왜구 격파(1380)

전주
황산(운봉)

고성
관음포

박위, 쓰시마섬
정벌(1389)

쓰시마섬

→ 홍건적의 침입
→ 왜구의 침입

정지, 왜구 격파
(1383)

일본

제주

신흥 무인 세력의 활약

□ 신진 사대부는 어떤 사람들인가요?

공민왕의 개혁 정치가 수포로 돌아가고 권문세족의 세상이 계속되면서 고려의 타락상은 개선될 기미가 없었어. 그러나 고려의 내부에서는 새로운 세상을 만들어 갈 세력이 싹 트고 있었으니, 이들이 바로 신진 사대부야.

신진 사대부는 공민왕 때 과거를 통해 중앙 정계에 진출한 세력으로, 고려 후기 원에서 새롭게 소개된 성리학을 공부한 사람들이었어.

이들은 권문세족의 횡포를 비판하면서 새로운 정치 질서를 수립하고자 했어. 한편 신진 사대부 중 일부는 무장인 이성계와 손을 잡고 새 왕조 개창에 적극적으로 나섰어.

□ 고려 왕조는 어떻게 멸망했나요?

몽골족이 세운 원은 한족인 명明에 의해 만리장성 밖으로 쫓겨났어. 드넓은 중국을 다시 한족이 장악하게 되었어[1368]. 이런 변화 속에서 고려는 명나라와 우호 관계를 유지했어. 그런데 명나라가 원의 쌍성총관부가 관할했던 지역인 철령 이북의 땅을 자기들이 철령위를 설치하여 가져가겠다고 통보해 왔어. 이 땅은 본래 고려 땅이었으나, 몽골 간섭기 때 몽골이 일방적으로 가져간 것을 공민왕이 무력을 사용하여 되찾았던 곳이야.

고려는 심각하게 고민했어. 명의 요구대로 하자니 자존심이 상했고, 거부하자니 뒤가 꺼림칙했거든. 이때, 고려의 실력자였던 최영은 왕과 상의하여 명과 정면 대결을 벌이기로 결정하고 랴오둥을 정벌하기로 했어. 명이 이제 막 나라를 세워서 힘이 강하지 못하니, 고려가 먼저 선제공격으로 랴오둥을 정벌하여 고려의 힘을 과시하기로 한 거지.

하지만 이 결정에 강력히 반대하는 사람이 있었어. 그는 바로 최영과 쌍벽을 이루면서 고려 정계의 한 축을 담당하고 있던 이성계였어. 그는 '4불가론●'을 대며 랴오둥 정벌을 끝까지 반대했어. 정벌이 무산되었냐고? 아니 그건 아니야. 최영의 의지가 워낙 강했거든. 왕은 이성계를 선봉장으로 삼아 랴오둥 정벌을 단행했어. 이성계는 5만의 군사를 이끌고 압록강 하류에 있는 위화도까지 나아갔어.

이제 강을 건너기만 하면 명과 대대적인 전쟁을 벌이게 돼. 그런데 이성계의 주장처럼 위화도에는 날마다 장대비가 쏟아졌고, 이성계는

4불가론 소국이 대국을 치는 것은 있을 수 없는 일이다. 농사철에 군사를 일으켜서는 안 된다. 랴오둥을 공격하면 왜구들에게 침입할 틈을 줄 수 있다. 지금이 장마철이라 비가 많이 내려 활과 화살촉을 붙이는 접착제인 아교가 녹아 활의 사용이 힘들고, 전염병이 돌 우려가 많다.

이러한 때에 전쟁을 하는 것은 불가능하다고 생각하여 앞으로 나아가는 것을 주저했어. 후방에 있던 왕과 최영은 이성계에게 빨리 진격하라고 재촉했어. 이성계는 갈등했으나, 결국은 쿠데타를 일으켜서 임금인 우왕을 쫓아내고 최영을 제거^{위화도 회군(1388)}했어. 그러고는 새로운 사회를 갈망하던 신진 사대부와 손을 잡고 고려의 개혁에 앞장섰어.

이성계의 위화도 회군으로 정권을 잡은 신진 사대부는 먼저 문란한 토지 제도를 바로 잡기 위하여 과전법*을 시행해서 권문세족의 농장을 빼앗아 신진 관료들에게 고르게 분배해 주었어. 혼잡했던 조세 제도 또한 개혁하여 농민 생활도 안정시켰어. 이러한 신진 사대부의 개혁 노력은 백성들의 지지를 크게 받았어.

과전법 신진 사대부의 경제적 기반을 마련하기 위해 만든 토지 제도

그런데 이 무렵에 신진 사대부 세력은 개혁의 방향을 놓고 두 개 파로 갈라졌어. 온건파 사대부는 고려 왕조 내에서 점진적인 개혁을 통해 사회 모순을 해결하려 했지. 반면에 혁명파 사대부는 고려 내에서의 개혁은 한계가 있으니, 사회 모순의 완전한 해결을 위해서는 이성계를 왕으로 추대하여 새 왕조를 개창해야 한다고 주장했어. 온건파는 정몽주, 길재 등이 이끌었고 혁명파는 정도전, 조준 등이 편을 이루었어. 두 세력은 주도권 싸움을 벌이면서 치열하게 대립했어. 어느 편이 이겼냐고? 혁명파 사대부들이었어. 그들 뒤에는 이성계의 강력한 군사력이 있었거든. 고려 왕조를 어떻게든 유지하고 싶었던 온건파 사대부들은 정몽주를 중심으로 뭉쳐서 혁명파에 대항하려 했어. 하지만 정몽주는 이성계의 다섯 째 아들인 이방원의 심복들에 의해 개경의 선죽교에서 살해당했고, 이후 혁명파 사대부는 고려 왕조를 멸하고 새로운 왕조인 조선의 문을 열었어. 1392년으로, 고려가 만들어진 지 474년 만의 일이었어.

이방원과 정몽주의 시조 대결

고려 왕조를 끝까지 지키려고 몸부림치던 정몽주에게 이성계 일파를 제거할 기회가 딱 한 번 있었어. 이성계가 해주에서 사냥을 하다가 말에서 떨어져 다리를 크게 다쳐 장기간 요양할 수밖에 없었어. 정몽주는 하늘이 준 기회라 여기며 이성계 일파를 제거하려 했어. 거사는 성공했을까? 아니야. 이성계의 똑똑한 아들 이방원 때문에 틀어져 버렸어. 절체절명의 위기라고 생각한 이방원이 한밤중에 이성계가 누워 있던 벽란도로 달려가서 아버지를 개경으로 데려왔어. 정몽주는 크게 실망했어. 하지만 이성계의 몸 상태가 어느 정도인지 알아야 다음 일을 계획할 수 있기에, 병문안을 핑계로 호랑이 굴이나 다름없는 이성계의 집으로 스스로 찾아갔어. 이때 이방원이 정몽주에게 시를 한 수 들려주었는데, 그게 바로 유명한 하여가何如歌야.

> 이런들 어떠하며 저런들 어떠하리
> 만수산 드렁 칡이 얽어진들 어떠하리
> 우리도 이같이 얽어져 백년까지 누리리라.

한마디로 말해서 고단한 인생 살지 말고, 우리 편에 붙어서 서로 사이좋게 영원히 살아가자는 회유였지. 정몽주가 이에 단심가丹心歌로 답했어.

> 이 몸이 죽어죽어 일백 번 고쳐 죽어
> 백골이 진토되어 넋이라도 있고 없고
> 님 향한 일편단심이야 가실 줄이 있으랴.

나는 백 번을 다시 죽어도 고려 왕조를 섬길 것이니, 나를 설득할 생각을 버리라는 준엄한 경고였어. 이 시를 읊고 정몽주는 이성계의 집을 빠져나왔어. 정몽주를 설득한다는 것은 불가능해 보였지. 이방원은 급히 부하를 보내 선죽교에서 정몽주를 살해했어.

11 고려의 종교와 사상의 발전은 어떠했을까?

□ 정치 이념으로 자리 잡은 유교 사상의 발달은?
□ 불교가 융성한 가운데 만개한 불교문화는?

□ 정치 이념으로 자리 잡은 유교 사상의 발달은?

고려 시대에는 유교가 국가의 통치 이념으로 자리를 잡으며 정치와 교육에 지대한 영향을 미쳤어. 나라를 개창한 태조 왕건은 신라 말의 유학자 최언위⁎를 비롯한 신라 6두품 출신의 학자들을 적극 등용하여 유교 정치 이념을 바탕으로 나라를 이끌어 갔으며, 개경과 서경에 학교를 세워 유학 교육을 장려했어. 4대 임금 광종은 과거 제도를 실시하여 유학에 밝은 인재를 관리로 채용하였고, 6대 성종은 유학자 최승로를 발탁하여 그가 건의한 시무 28조를 정국 운영의 기본 틀로 삼았어.

한편 성종은 개경에 국립대학인 국자감을 설치하였으며, 지방에 향교를 보급하며 유학 교육을 장려하여 유학과 한문학이 귀족의 교양으로 강조되면서 교육이 활성화되게 했고, 그 과정에서 개인 문집이 다수 만들어졌어.

고려 중기로 접어들면서는 유학자들이 사립 학교를 설립하여 직접 교육에 뛰어 들었는데, 그 시작은 최충이 설립한 9재 학당이었어. 왜 9재 학당이냐고? 9개 반으로 나누어 과거 시험에 필요한 과목 위주로 공부를 가르쳤기 때문이야. 9재 학당에서 과거 합격자가 다수 배출되었고, 최

최언위(686~944) 신라 말기에서 고려 초기를 살았던 당나라 유학생 출신의 학자. 신라 말기 최치원, 최승우와 함께 3최로 불렸던 명성 높은 학자였다.

충은 유학의 시조 공자만큼이나 제자 양성을 많이 해서 '해동공자'로 추앙 받았어. 그리고 그의 제자 집단을 '문헌공도'라 부르며 특별시했어. 왜 문헌공도냐고? 최충이 죽은 이후에 국가에서 받은 시호가 문헌공이었기에, 문헌공을 따르는 무리라는 뜻에서 '문헌공도'라고 했어.

한편 9재 학당이 성공을 거둔 이후로 명망 높은 유학자들이 너도 나도 학당을 만들어 제자 양성에 나섰어. 그러다 보니 12개의 사학이 번성했어. 이를 '사학 12도'라고 하지.

사학이 발달할 때 관학은 어떠했냐고? 고려 중기 때는 사학의 인기가 관학인 국자감의 인기를 능가했어. 아무래도 사학 출신자들이 과거에 많이 합격하다 보니 귀족 자제들이 사학을 선호하면서 관학은 위축되었지. 고려 정부는 관학 침체를 그냥 보고만 있을 수는 없었어. 국자감 안에 최충의 9재 학당과 유사하게 7재를 설치하여 운영했고, 장학 재단인 양현고를 만들어 우수 학생을 유치하려 힘썼어. 하지만 의도만큼 큰 성과는 거두지 못했어.

고려 후기에는 성리학이 고려 땅에 소개되었어. 성리학은 또 뭐냐고? 남송의 학자 주희에 의해 체계화된 신유학으로 경전 해석에만 치중한 이전의 유학과는 달리 인간의 심성과 우주의 원리를 철학적으로 탐구하는 학문이었어. 충렬왕 때 학자 안향이 원나라로부터 들여와 고려 지식인 사회에 보급했지. 충선왕은 은퇴 이후, 원의 수도인 대도_{중국 베이징}에 살면서 학술 연구소인 만권당을 세웠는데, 이곳에서 이제현 등의 학자들이 원나라 유학자와 교류하면서 성리학에 대한 이해의 폭을 넓혔어.

이후 공민왕 시절에 이색의 문하에서 정몽주, 정도전 같은 신진 사대부들이 배출되며, 성리학은 고려 말기 혼란했던 사회 문제를 해결하기 위한 개혁 사상으로 자리를 잡아 갔어.

□ 불교가 융성한 가운데 만개한 불교문화는?

고려 시대에는 왕실부터 일반 백성에 이르기까지 널리 불교가 신봉되었어. 그러다 보니 고려에서는 불교 사상의 융성과 더불어 불교 예술이 화려하게 꽃을 피웠어.

고려에서 불교는 왕실의 적극적인 지원 아래 초기부터 발전했어. 태조는 개경에 다수의 절을 세웠으며, 죽기 직전에는 '불교를 숭상하고 불교 행사인 연등회와 팔관회를 성대하게 개최할 것'을 유언으로 남겼어. 광종은 승려들의 면학을 장려하기 위해 과거 시험 안에 불교 경전의 공부 정도를 측정하는 승과를 설치하였고, 국사와 왕사● 제도를 마련했어. 또한 사원의 경제 기반 확보를 위해 절에 토지를 지급하고 세금을 면제하는 등 다양한 불교 장려 정책을 실시했어.

국사와 왕사 덕이 높은 승려를 나라나 왕의 고문으로 임명한 제도.

이처럼 왕실과 국가가 앞장서서 불교를 적극 후원하다 보니, 불교 사상도 발전했어. 고려 초기에는 지방 호족들의 지원을 받으며 신라 말부터 신봉되었던 선종이 계속 유행했어. 하지만 귀족 사회가 안정되어 가면서 왕실과 귀족 사회에는 교종을 믿는 세력이 점차 늘어났어. 고려 정부는 난감했어. 왜냐고? 선종과 교종이 서로 경쟁을 하며 대립했거든. 사회 통합의 구심점이 돼 주어야 할 불교 교단이 '너 잘났다. 나 잘났다' 하며 하루도 조용할 날이 없이 대립했으니, 아마 보통 심각한 문제가 아니었을 거야.

그러나 걱정은 하지 마. 이 문제를 해결해 줄 해결사가 등장했어. 그게 누구냐고? 대각국사 의천이야. 그는 고려의 제11대 왕인 문종의 넷째 아들로 송나라에서 불교 유학을 마치고 돌아와 고려 땅에 천태종을 창시하여 불교 종파 간의 융합을 시도했어. 천태종은 교종을 위주로 선종을 융합한 불교 종파로, 의천은 왕실과 정부의 적극적인 후원과 지지 속에 천태종으로 고려 불교를 통합했어. 그래서 통합은 잘되었냐고?

의천(1055~1101)

아니 그러지는 못했어. 왕자 출신의 의천이 왕실의 적극적인 후원 속에 벌였던 통합 사업이라 그가 살아 있을 때는 권위에 눌려 감히 입을 벌리지 못했던 선종 계통 승려들이 의천 사후에 반발하며 독자 행동을 자주 했어. 결국 의천의 불교 통합 운동은 불완전한 것이어서 죽은 이후에 '말짱 헛것'이 되고 말았지.

불교 통합 운동은 고려 후기에 다시 벌어졌어. 무신 집권기 때 무신 정권은 문벌 귀족의 후원 속에 발전한 교종을 의도적으로 억압하며 선종을 적극적으로 후원했어. 하지만 이미 불교는 귀족들과 밀착되어 세속화되며 부패상이 드러나고 있었어. 몇몇 개혁 승려들은 이를 매우 심각하게 받아들이며 불교계를 개혁하려 했어. 그 대표적인 승려가 보조국사 지눌로 그는 승려 본연의 자세로 돌아가 불교계를 정화하자고 주장하면서 신앙 결사 운동●을 시작했어. 그러면서 교종과 선종 사이의 갈등과 대립을 해소하고자 돈오점수●와 정혜쌍수●를 수행 방법으로 제시하며 선종 중심으로 교종을 통합한 조계종을 만들었어.

조계종은 무신 집권자들의 후원을 받으며 고려 후기의 대표적인 불교 종파로 발전했어. 염원했던 불교 개혁은 이루어졌냐고? 개혁 초기에는 많은 승려들이 호응하여 불교 혁신이 진전되었어. 하지만 원 간섭기에 원에서 라마교●가 전래되어 유행하며 불교는 기복적 성향의 현세 종교로 변질되어 갔어. 또한 절들이 왕실·권문세족과 결탁하여 대농장을 운영하고 고리대와 상업 활동에까지 나서서 여러 폐단들이 한꺼번에 나타났어. 이처럼 불교가 부패되었기에 고려 말에 혁신을 적극 추진했던 신진 사대부들은 불교의 문제점을 끈질기게 물고 늘어지며 성리학 위주의 국가를 건설하려 했지.

고려 시대에는 불교 사상과 함께 불교 예술도 발달했어. 고려 초기에는 지방 호족들의 지원 속에 지방색을 살린 개성 있는 불교 예술품이 각처에서 다수 제작되었어. 불상은 고려 초기에 철불이 많이 만들어

지눌(1158~1210)

신앙 결사 운동 '결사'는 뜻을 같이 하는 사람들이 목표를 이루기 위해 만든 모임으로 지눌은 송광사(전남 순천)에서 수선결사를 조직하여 신앙 공동체 운동을 벌였다.

돈오점수 '내 마음이 곧 부처'라는 깨달음을 얻었더라도, 꾸준히 수행을 계속 해야 한다는 선종의 수행법.

정혜쌍수 참선과 경전 공부를 함께하는 수행법.

라마교 원나라의 국교로 민간 신앙과 결부되어 현세 기복적(내세가 아닌 현실에서 복을 받기 위해 기원하는) 성향이 강했다.

졌으며, 규모는 크지만 인체 비례의 균형감이 다소 떨어지는 대형 석불이 지방 곳곳에 세워졌어. 초기의 대형 철불로 대표적인 것은 하남 하사창동의 철조석가여래좌상이고, 논산 관촉사 석조미륵보살입상과 파주 용미리 마애불입상, 안동 이천동 마애여래입상이 형식에 구애받지 않고 개성 있게 만들어진 고려 시대 거대 석불들이야. 한편 부석사 소조여래좌상은 우리나라에 현존하는 소조 불상 중 가장 크고 오래된 것으로, 신라 양식을 계승하여 귀족적 세련미를 지니고 있어. 소조불은 점토를 빚어 만든 불상을 말해.

불상과 더불어 석탑도 만들어졌어. 통일 신라 양식을 계승한 3층 석탑도 제작되었지만, 독특한 형태미를 갖춘 다각 다층 석탑이 다수 만들어져 고려 석탑의 개성을 드러내고 있어. 개성 현화사지 칠층석탑과 오대산 월정사 팔각 구층석탑은 고려 전기를 대표하는 탑이며, 후기 탑으로는 경천사지 십층석탑이 유명해. 원나라의 영향을 받은 이 석탑은 우리나라에서는 보기 드문 대리석 석탑으로, 10층의 다층탑임에도 불구하고 균형이 잘 잡혀 있으며, 기단과 몸체에 화려한 조각을 해 놓았어. 이 탑의 영향을 받아 조선 전기에 원각사지 십층석탑이 조성되기도 했어.

선종 불교의 영향 속에 신라 말기부터 제작되기 시작한 승탑은 고려에서 다양한 형태로 변모되며 계속 제작되었어. 여주 고달사지 승탑, 충주 정토사지 홍법국사탑, 원주 법천사지 지광국사탑이 고려 시대 승탑을 대표하고 있어.

한편 불교 신봉과 더불어 귀족들 사이에서는 금이나 은으로 불경을 베껴 쓰는 사경이 유행했으며, 후기 시대에는 왕실과 귀족들의 후원으로 불화가 다수 제작되었어. 특히 금가루를 다량 사용하여 호화롭고 정교하게 그린 관음보살상*이 많이 제작되었는데, 애석하게도 이 그림들은 우리나라보다 일본을 비롯한 외국에 많이 전해지고 있어. 임진왜란

관음보살상 자비로써 중생을 구제하는 보살로 고려 후기에는 보타낙가산의 바위 위에 앉아 선재동자의 방문을 받는 수월관음도가 많이 그려졌다.

고려 시대의 불교 예술품

오대산 월정사 팔각 구층석탑

개성 경천사지 십층석탑

충주 정토사지 홍법국사탑

영주 부석사 소조여래좌상

하남 하사창동 철조석가여래좌상

파주 용미리 마애불입상

여주 고달사지 승탑

안동 봉정사 극락전

영주 부석사 무량수전

예산 수덕사 대웅전

불로장생 늙지 않고 오래 사는 삶.

과 같은 전란이나 외세 침탈 속에 많은 양의 불화가 외국 땅으로 넘어가 버린 거지.

고려 시대에는 사원 안에 건물도 많이 지었어. 전기 건축물로 현존하는 것은 없고, 고려 후기인 13세기 이후 만들어진 건조물이 현재까지 보전되어 고려 건축물의 우수성을 자랑하고 있어. 안동 봉정사 극락전, 영주 부석사 무량수전, 예산 수덕사 대웅전이 현존하는 고려 후기의 건축물이야. 부석사 무량수전은 기둥 가운데를 불룩하게 만드는 배흘림기둥을 사용하여 건물에 안정감과 조화로움을 더한 건물로 우리나라 전통 건축물 중 자연환경과 가장 잘 어울린 건조물로 유명해.

한편 고려에서는 도교와 풍수지리설도 유행했어. 도교는 불로장생*을 추구하는 종교로, 고려 왕실은 나라의 안녕과 왕실의 번창을 비는 도교 행사를 자주 열었어. 신라 말에 중국에서 들어와 확산된 풍수지리설도 성행했는데, 쇠퇴한 개경 대신에 기운 왕성한 서경으로 수도를 옮겨야 한다고 했던 서경파의 주장이나, 남경이 명당이라고 하여 3경 중의 하나로 삼았던 사례에서 고려의 풍수지리설 유행을 알 수 있어. 이 밖에도 다양한 토속 신앙이 존재하여 고려인들은 조상신과 산신을 섬겼고, 고을 수호신인 성황신에게 제사를 지내며 현세의 복을 기원하기도 했어.

고려 초기 불상들은 왜 하나같이 못생겼을까?

논산 관촉사 석조미륵보살입상은 높이가 무려 18.2미터야. 현재 우리나라 불상 중에서 제일 큰 키를 자랑하지. 그런데 보다시피 키만 엄청 컸지, 불상 치고는 어째 좀 어수룩해 보여.

안동에 있는 마애여래입상은 자연 절벽에 몸체를 새기고, 위에다 머리만 따로 만들어 붙이는 기발한 발상으로 만들어졌어. 하지만 이 불상도 어째 좀 이상하지.

이처럼 고려 초기 불상은 대체적으로 거대하기는 한데, 투박하고 거칠게 만들어졌어. 왜 그랬을까? 전 시대인 통일신라시대에는 석굴암 본존불 같은 조화미와 균형미로 꽉 찬 풍만한 몸매의 귀족적 불상이 다수 제작되었는데, 그런 불상을 만들던 조각가들이 갑자기 사라져 버리기라도 했나? 설마 그런 건 아니겠지? 그런데 왜 고려 초기에는 이전 시대인 신라보다 못한 불상들이 대거 등장했을까?

신라 중대는 신라의 전성 시대로 불국토의 이상을 실현하기 위하여 왕실이 국가 재정을 총동원하여 국가적으로 불상 조성 사업을 벌였어. 그러다 보니, 수도인 경주를 중심으로 이상적 모습의 은은한 귀티가 흐르는 귀족적 부처가 다수 제작되었지. 하지만 고려 초기는 각 지방을 장악하고 있던 호족들이 지방 석공을 활용하여 불상을 제작했어. 물론 석굴암 불상과 같은 세련된 불상을 제작할 만한 재정도 없었지. 현실이 이렇다 보니, 고려 초기 불상들은 못생긴 얼굴에 신체 불균등한 대형불 위주로 만들어졌어. 그래도 이들 불상은 호족들의 자신감 넘치고 개성적이며 호전적인 기질을 고스란히 담고 있어서 고려 초기 활기찼던 사회 분위기를 짐작하게 해 주지.

논산 관촉사 석조미륵보살입상(위)
안동 마애여래입상(아래)

12 귀족들이 주도하여
화려하게 꽃핀 고려 문화는?

☐ 인쇄술의 진보 속에 편찬된 역사서들은? ☐ 문학 작품 창작도 활발했을까?
☐ 고려 청자를 비롯한 공예품은?

☐ 인쇄술의 진보 속에 편찬된 역사서들은?

우리 민족은 인쇄술 분야에서는 세계에서 독보적인 기술을 가지고 있었어. 통일 신라 시대에 만들어진 석가탑 안에서 발견된 무구정광대다라니경은 현존하는 세계에서 가장 오래된 목판 인쇄물로 인정받고 있어. 인쇄술은 고려에서 더 발전했어. 고려는 부처의 힘을 빌려 나라의 태평과 백성의 안녕을 이루기 위해 대장경● 조판 사업을 국가사업으로 벌였어.

고려에서 처음 조판된 대장경은 거란 침략을 부처의 힘을 빌려 물리치기 위해 만든 초조대장경이야. 처음 조판된 대장경이라 해서, 초조대장경이라 이름 붙였지. 그러나 이 대장경은 몽골의 침략 때 불타 없어

대장경 불교의 경(경전)과 율(불교 교단 규칙), 론(경과 율을 체계적으로 연구하여 해석해 놓은 논술)을 모두 모은 것.

초조대장경(왼쪽), 팔만대장경(오른쪽)

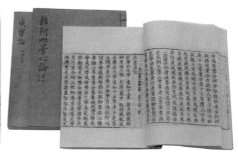

져 버렸고, 최우 정권 시대에 몽골 침입을 부처의 힘으로 막는다며 새 대장경 조판 사업을 벌였어. 이때 만들어진 대장경이 바로 팔만대장경 이지. 불경이 새겨진 나무판의 수가 8만여 장에 달해서야. 두 번째 만 들었다고 해서 '재조 대장경'이라고도 하지. 현재 경남 합천 해인사 경 내에 있는 장경판전에 보존되어 있는데, 글자 모양과 문장이 정확하고 보존 상태도 매우 좋아서 고려 목판 인쇄술의 높은 수준을 잘 보여 주 고 있어.

금속 활자는 고려가 세계 최초로 만들었어. 1234년에 금속 활자로 『상정고금예문』을 인쇄했다는 기록이 남아 있어서 고려 후기에 고려가 금속 활자로 책을 인쇄했다는 사실을 입증하고 있어. 하지만 『상정고금 예문』이 현재 전해지지 않아 세계적으로 공인받고 있지는 못해.

현존 세계에서 가장 오래된 금속 활자 책은 『직지심체요절』이야. 이 책은 1377년 충북 청주의 흥덕사에서 제작된 불교 서적으로, 승려 백운 이 불교 교리의 핵심 내용을 정리해 놨어. 조선 말기에 프랑스 공사로 왔던 코랭 드 플랑시가 귀국하며 본국으로 가져가서 현재는 프랑스 국 립 도서관에 보관되어 있어. 서양 최초의 금속 활자인 구텐베르크 활자 발명보다 78년 앞서서 제작된 금속 활자 본으로, 2001년에 유네스코 기록유산으로 등재되어 지구촌 사람들에게 '금속 활자 인쇄술은 한국 이 최초'라는 인식을 심어 주고 있어.

금속 활자 복원품(왼쪽), 직 지심체요절(오른쪽)

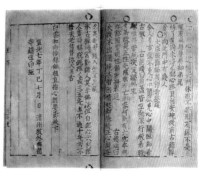

한편 고려에서는 역사서 편찬도 활발하게 이루어졌어. 고려 초기에 왕조실록을 편찬했으나 이 책은 현재 전하지 않고, 인종 때 김부식이 유교 사관에 입각하여 편찬한 『삼국사기』가 현존하는 가장 오래된 역사서로 자리매김하고 있어.

고려 후기에는 몽골과 항쟁하는 과정에서 민족의 자주 의식을 고취하는 역사서들이 주로 편찬되었어. 이규보는 주몽의 일대기를 다룬 『동명왕편』을 썼어. 일연은 불교적 관점으로 『삼국유사』를 저술했는데, 우리 민족의 시조인 단군 이야기를 수록하여 민족 자주성을 고양하려 했어. 이승휴는 『제왕운기』에서 단군 조선을 우리 민족 최초의 국가로 기술하여 원의 간섭 속에 고통 받는 고려 사람들에게 민족의 오랜 역사와 전통에 대한 자부심을 심어 주려 했어.

한편 고려 말기 사회를 이끌었던 신진 사대부는 정통* 의식과 대의명분을 중시하는 성리학적 사관에 입각한 역사서를 편찬했어. 이제현의 『사략』이 성리학적 사관에 입각해서 기술된 대표적 역사서야.

정통 성리학에서 말하는 '정통'은 다양한 견해가 있을 수 있으나 일반적으로 중국에 둘 이상의 왕조가 들어섰을 경우, 한족이 수립한 왕조를 정통으로 인정하고 이민족이 세운 왕조(몽골족이 세운 원나라나 만주족이 세운 청나라)는 이 단시하는 입장을 의미한다.

□ 문학 작품 창작도 활발했을까?

이두를 사용한 향가가 고려 초기에 몇 작품 지어졌지만, 과거가 시행되고 유교가 정치 이념으로 채택되면서 점차 한문학이 지식인들의 필수 교양으로 인식되어 고려 전기에는 한시 작품이 다수 창작되었어.

고려 후기에는 수필 문학의 유행 속에 이인로의 『파한집』, 최자의 『보한집』 등이 편찬되었고, 신진 사대부의 세계관을 엿볼 수 있는 경기체가가 다수 지어졌어. 『한림별곡』, 『관동별곡』, 『죽계별곡』이 고려 후기 경기체가를 대표하는 작품들이야.

사물을 의인화한 설화 문학도 발전하여 임춘의 『국순전』, 이규보의 『국선생전』이 발표되었으며, 민중의 감정과 생활 모습을 형식에 구애

받지 않고 자유롭게 드러낸『청산별곡』,『가시리』,『정읍사』와 같은 고려 속요도 유행했어. 흔히들 경기체가와 고려 속요는 형태상의 공통점 때문에 장르 구별을 하지 않고 '고려 별곡'으로 함께 취급되기도 하나, 경기체가가 한문학에 능한 신진 사대부 층이 사물이나 경치를 소재로 작품을 지은 데 반하여, 속요는 서민들의 노골적인 사랑 노래가 주류를 이루어 장르를 굳이 구별하는 학자들도 다수 있어.

□ 고려 청자를 비롯한 공예품은?

귀족 중심으로 발전했던 고려 문화는 왕실과 귀족들의 사치품 위주로 만들어졌던 청자 공예에서 그 취향이 잘 드러나. 오묘한 비취색과 정교한 제작 기술로 단아한 아름다움을 뽐내는 고려청자는 문벌 귀족 사회가 정착되는 11세기까지만 해도 무늬가 없이 은은한 푸른색만을 지닌 순청자 위주로 만들어졌어. 이후 자기 표면에 음각·양각으로 선 무늬를 넣기 시작했고, 12세기 중엽부터는 상감 기법●을 활용한 상감 청자까지 제작하여 세계 어느 나라도 범접하기 힘든 독보적이고 아름다운 도자기를 생산해 냈어.

상감 기법 금속·도자기·목재 따위로 만든 공예품의 표면에 무늬를 음각하여 그 속에 금·은·보석·뼈·자개 등과 같은 다른 재료를 정교하게 박아 넣어 화려하고 예쁜 무늬를 드러내게 하는 공예 기법.

상감 청자의 전성기는 몽골과 치열하게 전쟁을 하고 있던 13세기 중엽이야. 이때 만들어진 상감 운학무늬 매병은 고려청자의 지존 격으로 '청자 하면 고려, 고려 하면 청자'를 연상하게 해 줬어. 허나 이러한 청자 기술도 원나라 간섭기로 들어서면서 점차 쇠퇴했고, 고려 말기에 왜구가 번성하며 청자 도요지가 있던 해안 지방의 부안과 강진 가마들이 폐쇄되어 그 맥이 끊겨 버렸어. 이후 도자기 가마는 내륙 지방으로 옮겨져 녹갈색이나 회청색을 띤 분

청자 상감 운학무늬 매병(왼쪽), 청동 은입사 포류수금문 정병(오른쪽)

청사기들이 주로 생산되었어.

한편 고려에서는 금이나 은, 청동을 재료로 한 금속 공예도 발전했어. 청동 기물의 표면을 날카로운 조각도로 음각을 하여 무늬를 새긴 다음 그 홈을 은실로 메워 넣는 입사 기법을 사용한 청동 은입사 포류수금문 정병청동 은입사 물가풍경 무늬 정병은 고려 금속 공예의 대표작으로 널리 알려져 있으며, 전복 껍데기를 활용하여 무늬를 낸 나전 칠기 공예도 크게 유행했어.

회화는 고려 전기에 송의 영향을 받아 귀족 사회에서 산수화가 성행했으며, 후기에는 원과 교류하는 과정에서 사군자 중심의 문인화가 유행했으나, 현재 전하는 작품은 없어. 다만 공민왕이 그렸다고 전해지는 〈천산대렵도〉와 이제현 작품으로 알려진 〈기마도강도〉에 몽골 복식을 한 기마 무사가 사냥을 하는 모습이 그려져 있어서 원의 영향을 받은 그림이 유행했음을 알 수 있지.

서예는 고려 전기에는 주로 왕희지체와 구양순체가 귀족들에게 환영받았으며, 탄연이 글씨를 잘 썼다고 해. 원 간섭기 이후에는 조맹부체가 사대부들 사이에서 각광을 받으며 조선 시대까지 유행했어.

음악은 송의 궁중 음악인 대성악을 수입하여 발전시킨 아악이 궁중에서 연주되어 조선 왕조를 거쳐 오늘날까지 계속 연주되고 있으며, 삼국 시대 이래로 연주된 우리 음악인 향악이 고려 시대에도 계속 연주되었어. 고려 시대 향악으로 〈동동〉, 〈예성강〉이 있어. 악기는 송에서 전래된 악기와 신라에서 계승 발전된 악기가 수십 종 있었다고 해.

원과 교류하면서 받아들인 문물은?

고려 말기에는 학자, 관리, 승려 등 다양한 사람들이 원으로 건너가 학문과 사상, 과학 기술 등을 접하게 되었어. 이들은 천문학, 역법 등 과학 기술을 발전시킬 수 있는 학문을 들여오고, 지식을 넓혀 갔지.

한편 고려 말기에 국경 방어가 허술해지면서 왜구들이 자꾸 해안가를 침범해 왔어. 이때 최무선은 왜구를 물리치

대장군포 고려 말 화통도감에서 만든 화포 중 하나이다. 사진은 조선 시대의 대장군포.

기 위하여 원나라 사람들로부터 화약 제조법을 습득하여 화약 및 화포 제조를 담당하는 화통도감을 설치하고, 책임자가 되었어. 최무선은 이곳에서 개발한 화약과 화포로 진포_{현재 전북 군산}에서 왜구를 격퇴하기도 했지.

공민왕 시절 원나라에 사신으로 다녀왔던 문익점은 목화씨를 가져와 재배에 성공하였어. 이로써 모시나 삼베옷으로 사계절을 버텨야 했던 백성들이 솜옷을 입게 되어 추운 겨울도 추위 걱정 없이 따뜻하게 지낼 수 있게 되었어.

산청 목면시배 유지 고려 말 문익점이 원에서 가져온 목화씨로 처음 목화를 재배한 곳이다.

2 아침의 나라,
조선이 서다

13

조선은 어떻게 국가의 기틀을 갖추었는가?

□ 조선 건국의 진실과 역사적 의의는?

조선을 건국한 사람은 누구일까?

이성계. 딩동댕!

그럼, 이성계는 어떤 사람이었을까?

그는 함경도 영흥 사람이야. 고려 말기에 여진족과 왜구를 물리치면서 백성들에게 인기 있는 장군이 되었지. 그가 권력을 잡은 것은 위화도 회군 이후였어. 랴오둥 정벌에 나섰다가 압록강 하류에 있는 위화도에서 군사를 돌려 쿠데타를 성공시킨 그는 신진 사대부들과 손발을 맞춰 가며 고려의 부패한 정치를 개혁하다가 결국에는 정도전을 비롯한 혁명파 사대부의 지원으로 새로운 나라를 세웠어.

전설에 따르면, 이성계는 왕이 될 운명을 타고난 사람이었대. 젊은 시절에 불난 집에서 서까래 세 개를 짊어지고 나오는 꿈을 꾸었는데, 이 꿈을 무학대사●는 장차 왕이 될 운명이라고 해석해 주었어.

그러나 이러한 이야기는 대부분 어떤 일이 이루어진 뒤, 그 일을 합리화하기 위하여 만들어지는 것이 보통이야. 이성계의 꿈 이야기도 왕이 된 이후에 자신의 정권을 안정시키기 위하여 홍보 전략으로 퍼트린 이야기일 가능성이 크다고 할 수 있지.

무학대사 조선 개국 직후 태조 이성계를 종교적으로 자문해 준 승려. 그는 이성계의 꿈을, 서까래 세 개는 '三'이고, 이것을 이성계가 지고 나왔으니, 곧 '三 + ㅣ'는 '王'이 된다고 풀었다.

여기서 잠깐 궁금증을 하나 풀어 보자. 그런데 이성계가 왕위에 오를 때, 고려의 관리들은 이성계를 왕으로 추대하는 데 동의했을까? 그랬을 것 같다고? 아니야. 많은 관리들이 이성계가 임금이 된 것에 반발하여 관직을 버리고 고향으로 돌아갔어. 그중 특히 유명한 사람들이 개성 근방에 있는 두문동에 들어가 마을을 이루고 살았던 72명의 관리들이야. 이들은 끝까지 고려에 대한 충성을 지켰지. 그래서 한번 들어가면 나올 줄 모른다는 뜻의 '두문불출^{杜門不出}'이라는 사자성어가 탄생하게 되었어.

**조선을 건국한 태조 이성계
(1335~1408)**

'조선'이라는 나라 이름은 어떻게 정했을까?

고조선을 계승한다는 의미에서 나라 이름을 '조선'이라고 했다고 해. 하지만 여기서 말하는 고조선은 우리 민족 최초의 국가인 '단군 조선'이라기보다는, 중국에서 건너온 기자에 의해 만들어졌다는 '기자 조선'을 계승하겠다는 의미가 강해.

조선의 나라 이름 결정과 관련해 헛웃음만 나오는 일이 또 하나 있어. 당시 정부는 나라 이름도 스스로 정하지 못했다고 해. 명과 친하게 지내고 싶었던 터라 '화령^{이성계의 고향 이름}'과 '조선'을 명나라에 가지고 가서 명의 황제에게 선택해 달라고 청하자 명나라 황제가 마지못해 선택해 준 국호가 '조선'이었어. 유교^{성리학}를 국가의 지도 이념으로 삼았던 조선 사대부의 사대[●] 의식을 보여 주는 대표적 사례라고 할 수 있지.

조선의 건국은 역사적으로 어떤 의의를 가지고 있을까? 새 나라 설립으로 여러 변화가 일어났어. 가문의 힘을 배경으로 지배권을 독점하면서 사회 혼란을 부채질했던 권문세족들이 쫓겨났어. 반면에 백성을 위하는 정치를 하려고 했던 신진 사대부들이 정치 무대의 전면에 등장

사대 事大 주체성 없이 세력이 강한 나라나 사람을 받들어 섬기는 태도

했지.

또한 고려는 음서가 폭넓게 실시된 데서 알 수 있듯이 아버지의 권력이 아들 세대로 고스란히 이어졌던 귀족 사회였어. 이에 반해 조선은 음서의 범위가 축소되고 과거 출신자가 대접받던 사회였어. 이를 통해 볼 때 조선은 고려보다는 개인의 능력이 중시된 사회였다고 할 수 있지. 여기에 왕과 신하가 적절한 긴장 관계 속에 서로를 견제했기 때문에 어느 한쪽의 독주가 없었어. 그래서 정치가 활성화되었지.

□ 조선은 어떻게 나라의 기틀을 잡아 갔나요?

나라를 세운 태조 이성계는 유교를 국가 통치의 근본 원리로 삼고, 백성들의 생활 안정을 위하여 농업을 장려하는 정책을 적극적으로 추진했어. 또한 도읍을 한양으로 옮겨 새 왕조의 터전을 닦았어. 한양 천도는 고려의 본거지인 개경을 떠난다는 상징적 의미를 담고 있는 동시에 수도가 한반도의 중앙에 자리 잡고 있어서 전국을 통치하기가 쉽고, 남쪽으로 한강이 흐르고 있어서 교통이 편리하다는 이점도 있었어. 주변이 높은 산으로 둘러싸여 있어 방어에도 유리했지.

한편 태조는 자신을 왕위에 올려 준 정도전과 같은 신하들에게 전적으로 의지했어. 따라서 신하들의 힘이 상당히 강할 수밖에 없었지. 이러한 정치 구도는 정도전만큼이나 조선 건국에 공헌한 이방원^{태조의 아들}의 입장에서는 매우 못마땅한 것이었어. 그런데 정도전의 주도로 세자 자리가 이복동생인 이방석에게로 넘어가자, 이방원은 이방석과 그를 지지하는 정도전, 남은을 살해하는 정변을 일으켰어^{제1차 왕자의 난}.

정도전은 이름 그대로 도전 정신이 무척 강한 사람이었어. 그는 임금은 하늘이 만들어 준다고 생각했어. 그런 그에게 하늘은 곧 '백성'이었어. 그래서 그는 새 술은 새 부대에 담아야 하듯이 민심이 떠난 고려

왕조 대신에 백성의 뜻을 받들
수 있는 새 나라의 개창은 필연
적인 것이라고 믿었어. 그는 또
임금은 늘 백성을 위한 정치를
하도록 노력해야 하며, 이를 위해
서는 민심을 잘 알고 있는 재상
을 찾아 그에게 정치를 맡겨야
한다고 생각했지.

그의 이러한 생각은 새 왕조
개창에 걸맞은 지극히 혁신적인
문제의식이었지만, 문제는 왕실
이었어. 왕을 뒷전에 두고 자기들
끼리 정치를 하려는 정도전의 행
태에 왕족들은 불만이 많았어. 이
나라가 "이씨의 나라냐, 정가의
나라냐?"라는 말까지 시중에 떠

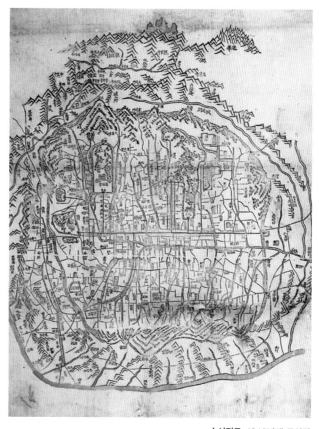

돌았다고 하니, 왕실의 불만이 어느 정도인지 충분히 짐작할 수 있지?
이러한 시절에 정도전은 이방석을 세자로 세우는 데 앞장섰던 거야. 왕
이 되고자 하는 야심이 있었던 이방원은 이런 정도전을 그냥 두고 볼
수가 없었지. 정도전은 결국 이방원의 손에 피살당하고 말았어.

한편, 태조는 자식들의 피 튀기는 싸움에 충격을 받아 왕위를 둘째
아들 이방과^{정종}에게 물려주고 젊은 시절을 보낸 함흥으로 떠났어. 그러
나 정종은 허수아비에 불과했어. 정종은 이방원이 눈만 부라려도 흠칫
놀랄 정도로 동생을 두려워했어. 왕이었어도 위엄을 온전히 갖추지 못
한 정종은 2년 만에 왕위를 동생인 이방원^{태종}에게 물려주고 뒷전으로
물러앉았지.

의정부와 6조 직계제 조선은 국가의 중요한 일은 의정부에서 영의정, 우의정, 좌의정이 논의하여 왕에게 보고했다. 그러나 태종은 6조(이조, 호조, 예조, 병조, 형조, 공조)에서 하고자 하는 일이 있으면 의정부를 거치지 않고 바로 자신에게 보고하게 했다. 자신이 하고자 하는 일도 의정부를 통하지 않고 6조에 바로 명을 내렸다. 이를 '6조 직계제'라고 한다.

조선의 3대 임금이 된 이방원^{태종}의 힘은 막강했어. 그는 일단 나라를 세우는 데 공을 세운 공신들의 사병을 모두 없애 군사권을 장악했어. 그뿐만 아니라 공신들이 장악하고 있던 회의 기구인 도평의사사를 없앴어. 또 의정부를 신설함과 동시에 실제 행정을 담당한 6조의 권한을 대폭 강화하는 6조 직계제[●]를 실시했어. 그리고 16세 이상의 남자에게는 신분증명서인 호패를 발급하여 전국의 인구 동태를 파악하였으며, 이를 조세 징수와 군역 부과에 활용했어. 이처럼 태종은 강력한 왕권 강화 정책을 추진하여 다음 임금인 세종이 마음 놓고 나라를 다스리며 문물을 꽃피울 수 있게 하였어.

□ 세종은 어떻게 조선의 문화를 크게 꽃피웠나요?

태종은 왕권을 탄탄하게 만든 후에 셋째 아들 충녕대군^{세종}에게 왕위를 물려주었어. 그는 왕 자리에서 물러나며 아들인 세종에게 "모든 나쁜 것은 내가 짊어지고 간다. 너는 태평의 시대를 열어라." 하고 당부했어. 태종의 희망처럼 세종 때에는 왕권과 신권이 조화를 이루며 정치가 안정되었어. 경제와 문화도 크게 발전하여 우리 역사에서 가장 문화가 번성한 전성기를 구가했어. 또한 세종은 항상 정치의 중심에 '백성'을 두었으며, 모든 정책의 우선순위에 '백성'이 있었을 정도로 백성을 위하는 마음이 강했어.

한번은 이런 일이 있었대. 새로운 조세 제도를 만들려고 하는데, 많은 신하들이 반대했어. 이때 세종은 "찬성하는 사람도 백성을 위해서라 하고, 반대하는 사람도 백성을 위해서라 하는데, 도대체 어느 말이 맞는가?" 하면서 직접 백성들에게 뜻을 물어보라고 지시했어. 여론 조사 결과 찬성하는 쪽이 많이 나오자, 세종은 새 제도의 시행을 공포했지. 이처럼 세종은 모든 일을 행할 때 백성을 중심에 두고 생각한 현명한 임금이었어. 그래서 농사철에는 아주 특별한 경우가 아니면, 관청에서 사업을 벌이지 못하도록 지시하였으며, 선진 농법을 소개한 『농사직설』을 발간하여 전국에 보급하기도 했어.

한글 또한 마찬가지였어. 세종은 한자가 너무 어려워 많은 백성들이 자신의 의사를 충분히 표현하지 못함을 안타깝게 여겨, 훈민정음을 만들어 냈고 새 글자 보급에 적극적으로 나섰어.

□ 세종 이후의 왕들은 무슨 일을 했나요?

세종의 뒤를 이어 왕위에 오른 사람은 문종이었어. 문종은 세종의 큰아들이지. 그러나 문종은 몸이 허약하여 왕이 된 지 2년 만에 죽고 말았어. 그래서 문종의 아들인 단종이 12살의 어린 나이로 왕위에 올랐어.

어린아이가 왕이 되면 대부분 왕권이 약화되기 마련이야. 이때도 그랬어. 이제 나라의 중요 정책들은 왕보다는 김종서나 황보인과 같은 고위 관리들에 의해 결정되었어. 이에 세종의 아들이자, 단종의 작은 아버지인 수양대군은 땅에 떨어진 왕실의 위엄을 되찾는다는 명분 아래 정변을 일으켰어. 수양대군은 어린 왕을 보좌하고 있던 황보인, 김종서 등을 죽이고 조카로부터 왕위를 빼앗아 임금 자리에 올랐어. 그가 바로 세조야.

세조는 강력한 왕권을 행사하기 위하여 태종 때 시행하였던 6조 직

『**경국대전**』 1485년(성종 16년)에 완성한 조선왕조의 통치 체제의 대강을 규정한 기본 법전이다.

직전법 세조 때 만들어진 새 토지 제도. 기존의 토지 제도 가 문란해져서 제도를 정비하 여 시행하였다.

경연 왕과 신하가 한자리에 모여 학술을 토론하는 제도. 이 를 통하여 신하들은 왕권 을 적절히 견제할 수 있었다.

계제를 다시 시행하였고, 왕권을 능가 할 정도로 세력이 커진 집현전을 없애 버렸어. 그리고 직전법●을 시행하여 국가 재정을 늘렸으며, 군사력을 강화 하여 국방을 튼튼히 했어. 최항, 노사 진, 서거정 등이 세조의 명을 받아 조 선의 기본 법전을 편찬하기 시작했어.

세조의 뒤를 이은 성종은 선왕인 세조의 왕권 강화 정책에 힘입어 문물과 제도를 정비하면서 나라의 기틀을 바로잡아 갔어.

우선 홍문관을 설치하여 학술을 장려했어. 또 세조 때 왕권을 강화 하기 위하여 중단했던 경연●을 다시 열어 왕과 신하가 한 자리에서 국 가의 주요 정책을 논의하게 했어. 세조 때 시작하여 마침내 완성된 조 선의 기본 법전인 『경국대전』을 반포하여 나라의 기본 통치 방향과 이 념을 제시했어.

한양 천도와 왕십리 이야기

태조 이성계는 임금이 되고 나서 수도를 옮기기로 결정하고, 풍수지리에 능한 무학 대사에게 이 일을 맡겼어. 대사는 신령스러운 산으로 알려진 계룡산 주변을 생각했으나 큰 나라의 도읍지로는 부족한 듯싶어서 발길을 다시 북쪽으로 돌렸어. 한강을 건너 현재의 서울 땅에 당도하니 나라가 크게 발전할 수 있는 터였어. 무학대사는 감탄을 하면서 그곳을 궁궐 터로 잡으려 했지. 지금의 왕십리 근처였어. 그런데 한 노인이 소를 몰고 대사의 앞을 지나가며 소를 꾸짖었어.

"이놈의 소가 미련하기는 꼭 무학 같구나. 왜 바른 길로 가지 않고 굽은 길로 들어서느냐?"

순간 무학대사는 머리가 띵해져서 얼른 소를 몰고 가는 노인을 붙잡고 물었어.

"노인장, 지금 소더러 뭐라고 하셨습니까?"

"미련하기가 꼭 무학 같다고 했소."

"무슨 말씀이신지요?"

"요즘 무학이란 놈이 새 도읍지를 찾아다니는 모양인데, 좋은 곳 다 놔두고 엉뚱한 곳만 찾아다니니 어찌 미련하다고 하지 않겠소."

무학대사는 노인이 보통 사람이 아니라고 생각해서 공손히 다시 물었어.

"제가 바로 무학이옵니다. 제 눈으로는 이곳이 한 나라의 도읍지로 최상인 듯한데, 이곳보다 더 좋은 곳이 있겠습니까?"

"이곳으로부터 서북쪽으로 10리를 더 가시오."

무학대사는 노인의 말에 따라 10리를 더 갔어. 가서 보니 과연 명당이었어. 대사는 노인이 점지해 준 곳을 조선의 임금이 거처할 궁궐 터로 정하여 공사를 시작하였으니, 그곳이 지금의 경복궁 터야. 그리고 무학대사가 노인을 만났던 곳을 '10리를 더 가라고 일러준 곳'이라 하여 이때부터 '왕십리往十里'라 했대.

조선의 기틀을 마련한 왕들

조선 왕들의 업적을 알아볼까요?

조선 『경국전』, 『경제문감』 등 민본적 통치 규범을 마련해 통치 질서를 정비했고

국호를 조선이라 칭하고 한양에 도읍을 정했으며 과거 제도를 정비하고 국방력 강화를 위해 노력했지.

태조

6조 직계제를 실시, 신문고를 설치했고 사병 제도를 폐지했지.

태종

조세 제도를 정비하고 유교 정치를 실현했단다.

세종

양반 관료가 귀족화 되면서 왕권이 약화되었지.

문종 단종

6조 직계제를 실시하고 정치 기강을 확립했으며 직전법을 시행했단다.

세조

『경국대전』을 완성하고 각종 제도를 정비했을 뿐 아니라 홍문관을 설치했지.

성종

14

조선의 통치 체제는 어떻게 정비되었는가?

□ 중앙 정치 기구는? □ 지방 행정 조직 체제는? □ 교육 기관과 관리 선발 제도는?
□ 군사 제도 정비는? □ 외교 정책은?

□ 중앙 정치 기구는?

조선의 중앙 정치 기구는 왕권과 신권이 조화를 이루는 방향으로 개편이 이루어졌어. 조선 시대 국가 최고 관청은 의정부였어. 이곳은 영의정과 좌의정, 우의정으로 구성된 3정승이 국가의 중요한 정책을 논의하여 결정하는 기구였어. 의정부 아래에는 6조가 설치되어 있어서 의정부에서 결정한 일들의 실제 집행을 맡았어. 6조의 장관들은 '판서'였는데, 이들은 각 부서의 책임자인 동시에 의정부 회의에 참석하여 자기 부서의 의견을 제시하며 국가 중대사를 임금, 3정승과 함께 논의했어.

국왕과 고위 관리의 권력 독점과 부패를 막는 임무를 띠고 있는 언론 기관으로는 3사가 있었는데, 사헌부·사간원·홍문관이 바로 그 기구들이야. 사헌부는 관리들의 부정과 비리를 감시·감독하고 풍속을 바로잡는 감찰 기구였으며, 사간원은 왕이 바른 길을 걷도록 보좌하고 잘못된 길을 갈 때는 과감히 간언하는 간쟁 기구였어. 홍문관은 학술 연구 기관으로, 정책 결정이 올바르게 이루어지도록 자문하며, 왕과 신하가 한 자리에 모여 학문을 토론하는 경연 주관 부서였어.

반면에 승정원과 의금부는 왕권을 뒷받침하는 기능을 담당했던 기

사헌부 현재 우리나라 행정 체제로는 감사원이나 검찰청에 해당한다.

간언 웃어른이나 임금에게 옳지 못하거나 잘못된 일을 고치도록 하는 말.

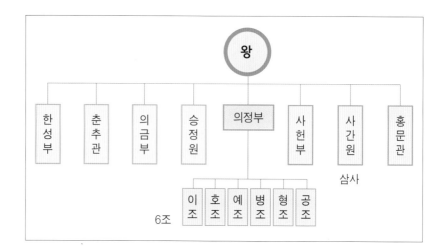

조선의 중앙 정치 기구

구야. 승정원●은 왕의 비서 기관으로 왕명 출납을 담당했으며, 의금부는 국왕 직속의 사법 기구로 반역죄와 같은 국가 기강을 해치는 중죄인을 다스렸어. 이처럼 조선은 왕권 견제 기구와 뒷받침 기구를 적절히 편성하여 중앙 집권 체제를 고려에 비해 한층 강화시켰어.

이외에도 국가 최고 교육 기구로 성균관이 있었으며, 역사를 편찬하고 보관했던 춘추관과 수도의 행정과 치안을 담당했던 한성부●도 중앙 통치 기구로 편성되었어.

□ 지방 행정 조직 체제는?

조선은 지방을 효율적으로 다스리기 위해 전국을 8도로 나누고 그 아래에 고을의 크기와 거주하는 사람의 수에 따라 부·목·군·현을 두었어.

각 도의 장관은 관찰사로 도의 행정과 재판, 군사 업무는 물론 관할 구역 내 수령들을 지휘, 감독했어. 부·목·군·현의 장관인 부윤, 목사, 군수, 현령은 통칭하여 수령●이라 했어. 이들은 왕을 대리하여 백성들을 직접 관리하며 7가지 일을 반드시 해야 했는데, 이를 수령 7사라 해. 농업 장려, 호구 조사, 세금 징수, 교육 장려, 공정한 재판, 군사 훈련, 빈민 구제가 바로 그 일들이야.

지방 관아에는 중앙의 6조 조직을 본 딴 6방°이 있어서 향리가 아전으로 근무하며 수령 보좌 및 고을의 실제 행정을 담당했어.

조선의 지방 행정 조직은 고려와 몇 가지 점에서 차이가 있었어. 첫째, 고려는 지방관을 파견하지 않은 속현이 많았어. 그러나 조선은 전 군현에 지방관을 파견했어. 둘째, 고려나 조선의 향리 모두 세습직으로, 지방 행정의 실무를 담당한 것은 비슷해. 하지만 고려 향리는 지방 행정의 실질적 책임자로 토지를 지급받았으며 과거 응시도 가능했어. 반면에 조선 향리는 수령의 행정 실무를 보좌하는 하급 신분의 관리로 지위가 고려 시대에 비해 한층 낮아졌어. 토지도 지급받지 못했고. 셋째, 조선은 특수 행정 구역인 향·부곡·소를 모두 일반 군·현으로 승격시켰어. 이러한 고려와 조선의 지방 행정 조직 차이는 조선이 고려에 비해 중앙 집권 체제가 한층 강화되었음을 의미해.

한편 각 군·현에는 향촌 거주 양반들의 자치 조직인 유향소°가 설치되어 향촌 여론 형성 및 수령 자문, 수령·향리의 부정 감시 및 고발, 백성 교화 및 유교 윤리 보급에 앞장섰어. 이런 자치 기구가 전국 각 고을에 설치되었다는 것은 조선이 중앙 집권 체제를

6방 중앙의 6조 조직 체제와 비슷한 지방 기구로 이방, 호방, 예방, 병방, 형방, 공방으로 조직되어 지방 행정 실무를 담당했다. 이곳에 근무하는 향리를 아전이라 했다.

유향소 후에 '향청'으로 이름이 바뀌었다.

조선의 지방 행정 조직

강화하면서도 부분적으로 지방 자치를 허용했음을 알려 줘. 동시에 조선의 지방 행정이 중앙에서 파견된 수령의 책임하에 그 지방 출신 향리와 양반이 서로 협력할 것은 협력하고 견제할 것은 견제하며 조화롭게 이루어졌음을 입증하고 있어. 그러나 문제는 유향소가 시일이 흐르며 수령과 대립하거나, 백성을 수탈하는 등 폐단을 드러냈다는 것이야. 이런 문제점 때문에 조선 정부는 유향소 제도를 여러 번 손봐야 했어.

□ 교육 기관과 관리 선발 제도는?

조선의 교육은 유교적 소양과 능력을 갖춘 관리를 양성하는 데 중점을 두고 이루어졌어. 따라서 학교는 관리 선발 제도인 과거와 밀접한 연관 속에 학생 교육을 담당했어.

조선 시대 초등 교육 기관은 서당이었어. 어린 학생들은 이곳에서 『천자문』, 『동몽선습』, 『명심보감』 따위를 배우며 한문과 초보적인 유교 지식을 습득했어. 중등 교육은 한양은 4부 학당, 지방은 향교에서 담당했어. 『소학』과 『사서』 등의 유교 경전 공부를 본격적으로 시작했지.

조선의 관리 선발 제도인 과거는 문과와 무과, 잡과로 구분되어 있었어. 문과는 문관 선발 시험이었고 무과는 무관, 잡과는 기술관을 뽑는 시험이었어. 문과 주관 부처는 예조였으며, 소과와 대과 시험을 거쳐 합격생을 관리로 임명했어. 서울과 지방에서 치러진 소과는 생원과 진사를 뽑는 시험으로 4부 학당이나 향교 학생들이 시험을 봤어. 이 시험에 합격한 생원과 진사들은 관리 후보생°들로 이들에게는 성균관 입학 자격과 대과 응시 자격이 주어졌어.

조선 최고의 학교인 성균관은 원칙적으로 생원과 진사들이 입학했으나, 소과를 거치지 않고 4부 학당 졸업 후에 곧장 성균관에 오는 학생들도 소수 있었어. 그런데 왜 서울과 지방의 중등학교 이름이 달랐냐

관리 후보생 바로 관직에 나가기도 했으나 생원, 진사는 하급 관리밖에 하지 못했다.

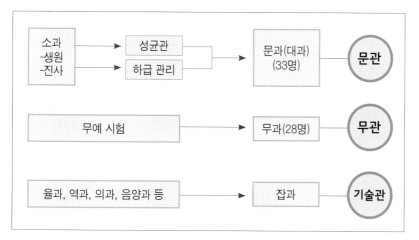

조선 시대 관리 선발 방법

고? 그 이유는 성균관과 향교의 성격 때문이야. 흔히들 성균관과 향교 하면 조선 시대 '학교'라고 곧장 믿어 버리지만, 사실 이 기구들은 교육 보다 더 중요한 기능을 가지고 있었어. 바로 문묘[•]에 대한 제사야. 즉 서울은 성균관에서, 지방은 각 고을에 설치된 향교에서 매년 공자 탄생 일에 공자를 위시한 유교 성현들에게 제사를 지냈어. 그러면서 학생 교 육도 함께 담당했지. 이와 같은 기구의 성격 때문에 서울의 중등학교인 4부 학당은 지방의 향교와는 달리 문묘 제사 없이 학생 교육만 순수하 게 담당할 수 있었어. 서울의 동, 서, 남, 북에 학당이 설치되어 있어서 '4부 학당'이라 했지.

　　문관 선발 시험인 대과[문과]는 성균관에서 공부를 한 학생 위주로 초 시, 복시, 전시 3차에 걸쳐 치러졌어. 특히 전시는 임금이 출제한 문제 로, 임금이 시험 감독관이 되어 치른 시험이야. 전시에서는 2차 시험인 복시에 합격한 33명이 최종 실력을 겨뤘어.

　　유학 교육에 비해 천시된 기술 교육[•]은 해당 업무를 담당하는 관청 에서 이루어졌으며, 기술관을 뽑는 시험인 잡과도 해당 기술 관청이 주 관하여 치렀어. 무과는 병조에서 주관하여 무술에 능한 자 위주로 선발 하였어.

문묘 文廟. 공자를 중심으로 유교 성현을 모신 사당.

기술 교육 의학, 외국어, 법학, 천문학 교육이 이루어졌다.

과거는 양인 이상이면 누구나 응시가 가능했어. 허나 체계적으로 교육받을 여력이 없던 평민이 합격하기는 거의 불가능해서 문과는 주로 양반 자제들이 응시하였어. 무과는 양반, 향리, 평민의 자제들이 응시하였으며, 잡과는 주로 기술관이나 향리 자제가 응시했어. 아버지가 기술관이면 아들도 그 분야의 기술 관리가 되는 경우가 많았지.

과거 이외에 천거나 음서를 통해 관리로 발탁되기도 했는데, 천거는 3품 이상의 고위 관리들이 능력이나 품행이 뛰어난 자를 추천하면 간단한 시험을 거쳐 관리로 임명하는 제도였어.

과거는 원칙적으로 3년에 한 번씩 시행했는데, 정기 시험 이외에 국가에 경축할 일이 있을 때면 수시로 특별 과거인 '별시'를 치렀기에 1년에 3~4 차례 과거가 치러지기도 했어.

□ 군사 제도 정비는?

조선에서 양인 남자는 16세에서 60세까지 군역 의무가 있었어. 하지만 지금 우리나라 군인들처럼 일정 기간 병영에서 합숙을 하면서 군역 의무를 한 것은 아니었어. 평상시에는 농사일과 같은 일상생활을 하다가 농한기 때 고을 수령의 책임하에 군사 훈련을 실시하여 전쟁이나 반란이 일어나면 전투에 참가했어. 이러한 군역 제도를 군대일과 농사일을 병행해서 한다하여 '병농 일치제'라고 했지. 한편 양인 남자에게 군역 의무가 있다고 해서 모든 양인 장정이 전쟁에 동원된 것은 아니었어. 전쟁에 동원되는 정병도 있었으나, 그들의 훈련 경비를 부담하는 보인保足도 있었어. 이렇게 운영된 군역 제도를 '보법 제도'라고 했어. 또한 양인이면 누구나 군역 의무가 있었다고 하지만 현직 관리와 학생·향리 등은 군역이 면제되어서 군역 의무는 사실상 농민의 의무였다고 말할 수 있어.

군대는 중앙군과 지방군으로 편성되었어. 중앙군인 5위는 5개의 부대로 이루어져 있었고, 궁궐과 수도의 방어를 담당했어. 지방을 지키는 지방군은 육군과 수군으로 나뉘어 있었는데, 각 도의 육군 장관을 병마절도사, 수군 장관을 수군절도사라고 했어. 이외에도 예비군으로 잡색군*을 편성하여 운영하였어.

외적의 침입에 대한 조선의 방어 체제는 여러 번 바뀌어 운영되었어. 건국 초에는 북쪽 국경 지대와 해안의 군사 요충지에 영과 진을 설치하여 군사를 배치했어. 하지만 이 체제는 변방이 외적에게 뚫리면 내륙을 방어하기 힘들다는 주장이 힘을 얻으면서 세조 때에는 수령이 자기 지역 군대를 통솔하여 방어하는 체제로 개편되었어. 이를 '진관' 체제라고 해.

진관 체제에는 약점이 없었을까? 아니야, 있었어. 무슨 약점이냐고? 소규모로 쳐들어오는 외적을 물리치기에는 효과적인 방어 체제였으나, 대규모 적군과 싸움을 하게 되면 중과부적이 되어 쉽게 당할 수밖에 없었어. 이런 취약점 때문에 1555년에 왜구들이 전라도 해안가로 대거 쳐들어와 분탕질을 했을 때 전라도 지방 수령 몇 명이 전사하며 해남, 진도를 비롯한 해안 고을들이 큰 피해를 입었어을묘왜변. 이 사건 이후 조선 정부는 방어 체제를 '제승방략' 체제로 재편했어. 제승방략 체제는 또 뭐냐고? 중앙에서 파견된 장수가 최고 지휘자가 되어 지방 수령들이 데리고 온 군사들을 한곳에 모아 일사불란하게 통솔하는 제도였어. 그래서 적절히 외적을 방어했냐고? 아니 이 제도 또한 결함이 있었어.

임진왜란 당시에 왜적이 쳐들어왔을 때, 신립 장군이 충북 충주 전투에서 제승방략 체제로 방어하다가 참전 군사 거의 모두가 죽으며 조선 육군은 완전 괴멸되었어. 잘못 사용하여 한 번 패하면 더 이상 재기하기 힘들다는 제승방략 체제의 최대 약점이 고스란히 드러난 것이었

잡색군 평상시에는 생업에 종사하다가 유사시 자기 지역을 방어하는 예비군 성격의 부대로 노비와 같은 군역 면제자로 편성하였다.

역참 정부의 명령과 공문서를 전달하거나 긴급한 군사 정보, 물자 수송을 위하여 전국의 주요 교통로에 30리마다 역을 설치한 제도.

조운 제도 지방에서 거둔 세금을 강과 바다를 이용하여 서울로 운송하는 제도. 평안도와 함경도 지역에서 거둔 세금은 서울로 보내지 않고 지역에서 사신 접대비와 국방비로 사용했다. 이런 지역을 '잉류 지역'이라 한다.

지. 이후 명군의 참전 속에 일본군과의 전쟁을 장기전 양상으로 겨우 바꿔 놓은 후, 조선은 방어 체제를 다시 진관 체제로 전환하여 조선 후기 내내 운영했어.

한편 국경과 해안 지대의 군사적 위급 상황을 중앙에 신속히 알리기 위해 봉수제를 마련하여 운영하였고, 물자 수송과 통신을 원활하게 하기 위하여 전국 각지에 역참°을 설치하여 체계적으로 운영했어. 이 두 제도는 조운 제도°와 함께 국방과 중앙 집권 체제 강화에 큰 도움을 주었어.

□ 외교 정책은?

조선은 처음부터 명과는 사대 관계를 유지하고 중국 이외의 주변 민족과는 교린 정책°을 취했어. 이른바 '사대교린' 정책이야.

교린 정책 이웃 나라와 대등한 입장에서 서로 친하게 지내는 정책.

건국 초기에는 정도전이 랴오둥 정벌을 준비하는 등 명과 대립하기도 했어. 그러나 정도전이 죽고 태종이 왕이 된 이후에는 명과의 관계가 좋아지면서 문물 교류가 활발하게 이루어졌어.

여진과는 강경책과 화친책을 함께 쓰면서 여진의 힘이 강화되는 것을 막았어. 세종은 최윤덕을 파견하여 압록강 방면에 살고 있던 여진족을 몰아내고 4군을 설치했어. 또 두만강 방면에는 김종서를 파견하여 6진을 설치, 압록강과 두만강을 국경선으로 하는 영역을 우리 영토로 확정하였어. 그리고 이곳에 국토의 균형 발전을 위하여 충청도, 전라도, 경상도 백성들 중 일부를 보내 정착시켰어. 반면에 여진족이 귀순해 오면 관직을 주거나 정착을 위한 토지와 주택을 제공하여 우리 민족으로 동화시켰으며, 국경 지방에는 무역소를 설치하여 국경 무역을 허용하기도 했어.

한편, 일본에게는 초기에는 강경책을 폈어. 고려 말부터 창궐한 왜구 때문에 해안 지방의 백성들은 농사를 제대로 지을 수 없었어. 이에 조선은 수군을 강화하여 왜구의 노략질을 막으면서 성능이 뛰어난 전함을 많이 만들어 왜구 토벌에 나섰어. 세종 초기에 이종무는 왜구의 근거지인 쓰시마섬을 토벌하기도 했어.

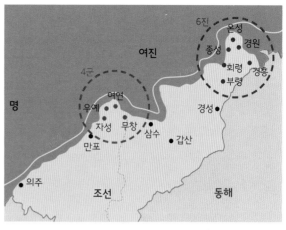

4군 6진 4군 6진 설치로 확정된 압록강에서 두만강에 이르는 국경선.

이러한 조선 정부의 왜구 근절 노력으로 노략질이 어려워진 왜구는 세종 집권 시절에 줄곧 평화적인 무역 관계를 요구해 왔어. 이에 조선은 제포경남 진해, 부산포, 염포울산를 개방하여 제한된 무역을 허용했어.

일본과의 교역에서 일본인들이 주로 가져온 것은 무기의 원료나 양반들의 기호품인 구리·황·향료였고, 일본이 가져간 것은 식량·의복·서적들과 같은 생활필수품이나 문화용품이었어. 또한 조선 초기에는 류큐일본 오키나와, 시암태국, 자바인도네시아 등 동남아시아 여러 나라와도 널리 교류했어.

조선 시대 봉수제는 어떻게 운영되었을까?

서울 남산 봉수대

왜적이 쳐들어왔어. 전라남도 여수 해안가 산 위에 있는 초소에 근무하는 장콩이 최초로 왜놈들의 배를 발견했어. 장콩은 어떻게 이 사실을 서울에 보고했을까?

요즘 세상이라면 장콩은 분명 스마트폰을 사용하여 우선 전화로 왜적 출현 사실을 보고한 후에 증거 사진을 찍어 카카오톡으로 전송했을 거야. 그러나 안타깝게도 장콩은 조선 전기 군인이야. 스마트폰도 사진기도 없어. 와이파이도 안 돼. 장콩은 어떻게 왜적 출현을 서울의 궁궐에 사는 왕에게 전달했을까?

조선 시대에는 해안가 높은 산을 따라 설치된 봉수대를 활용하여 봉수 신호가 최종적으로 서울의 남산목멱산에 전달되게 했어. 이 체제를 봉수제라고 해.

봉수대에서 신호를 보내는 방법은 다양하여 낮에는 연기를, 밤에는 불을 피워 전송했어. 눈, 비가 올 때처럼 악천후에서는 대포를 쏘거나 뿔피리를 불어 위급한 상황을 알리기도 했어.

다급함 정도는 봉화의 숫자에 따라 달라졌어. 평상시는 하나, 적 출현일 경우는 두 개, 적이 해안가에 접근하면 세 개, 적이 상륙하면 네 개, 우리 군과 전투가 벌어지면 다섯 개를 피워 올려 상황이 매우 다급함을 알 수 있게 했지. 지금보다야 당연히 자세한 정보를 빠르게 전달할 수는 없었지만, 그래도 봉수제가 있었기에 서울에서 왕은 지방에서 일어난 위급한 상황을 최대한 빨리 파악하여 적절히 대비할 수 있었어.

15

훈구 세력과 사림 세력은 왜 다투었을까?

☐ 훈구와 사림은 어떤 세력인가요?

『경국대전』의 반포로 국가의 통치 체제를 확립한 15세기 말, 성종 시기에 중앙 정치 무대에 새로운 정치 세력이 출현했어. 어떤 세력일까? 바로 '사림파'야.

사림은 이성계의 새 왕조 개창에 반발하여 지방에 내려가 숨어 살았던 온건파 사대부인 길재의 학문을 이어받은 사람들이었어. 그들은 조선이 들어선 이후, 중앙 정계에는 얼씬도 하지 않고 향촌에서 성리학만을 공부하며 은둔하다가, 15세기 말에 성종의 발탁에 의하여 드디어 중앙 정치 무대로 진출했어.

여기서 의문이 하나 생겨. 사림파는 조선 왕조 개창에 반대하는 사람들의 후예들이었잖아. 그런데도 성종은 사림파를 적극적으로 발탁했어. 어째, 좀 이상하지? 왜 그랬을까?

여기에는 성종의 심오한 뜻이 담겨 있어. 성종 시대에는 훈구파 세력이 너무 커져서 왕권을 능가할 정도였어. 성종은 자신의 상투 끝에서 놀려고 하는 훈구 세력을 견제할 장치가 필요했어. 성종의 입장에서 향촌에서 공부만 하고 있던 사림 세력은 비대해진 훈구 세력을 견제할 대항마로 매력이 넘쳐흘렀어. 그래서 사림을 적극적으로 발탁했지.

그런데 훈구파는 어떤 세력일까? 훈은 '공로 훈勳'자이니, 뜻으로 살펴봐도 조선 개창에 앞장섰던 혁명파 사대부의 후예라는 것을 알 수 있지. 조선 왕조에서 대대로 높은 벼슬을 하면서 정치를 주도했던 사람들이야. 특히 성종 시대의 훈구 세력은 세조가 왕위를 찬탈할 때 앞장섰던 사람들 위주였고, 이들은 성종이 13세의 어린 나이로 임금이 되자, 정치의 주도권을 쥐고 나라를 자기들 마음대로 이끌려고 했어.

성종은 나이가 어렸을 때는 훈구파가 독주하는 것에 별 관심이 없었어. 그러나 직접 정치를 할 나이가 되자, 이들의 독주가 영 못마땅했어. 그래서 그들을 견제할 대항마를 찾던 중, 눈에 띈 사람이 당시 영남 지방에서 공부를 열심히 한다고 소문이 난 김종직이었지.

김종직은 길재의 학맥을 이어받은 학자로 그가 중앙 정계에 발을 들여놓자 그의 제자들도 하나둘 중앙 정계로 진출하기 시작했어. 사림파들은 주로 훈구파의 독주를 비판할 수 있는 언관직**에 다수 진출하여 훈구파의 전횡**을 비판했지. 사림의 정계 진출은 훈구파에게는 마른하늘에 날벼락 떨어지는 일이었어.

훈구와 사림 간에 갈등은 없었을까? 있었을 것 같다고?

그래 맞아. 물론 있었어. 훈구와 사림은 물과 기름 사이였지. 학문의 뿌리와 지향하는 바가 달랐으니, 서로 상대편을 못 잡아먹어서 안달이 났어. 훈구의 입장에서 사림은 조선 개창을 비난하며 나랏일에 참여하지 않다가 100년 정도 지난 후에야 나타나 아무 일도 없었다는 듯이 관리가 된 기회주의자들이었지. 반면에 사림의 입장에서 훈구는 절의

언관직 임금의 잘잘못을 따지고 관리들의 부정을 감시·감독하는 관직으로 사간원과 사헌부의 관직을 말한다.

전횡 권력을 쥐고 마음대로 행함.

와 명분을 내팽개치고 백성들의 등골이나 빼먹으며 살았던 의리에 구멍 난 놈들이었어.

중앙 정계에 진출한 사림들은 세조의 왕위 찬탈을 불의로 간주하여 비난하면서 훈구 세력을 소인배로 몰아붙였어. 훈구파가 가만있지는 않았겠지? 훈구는 사림을 칠 기회만 엿보다가 기회가 오자 사정없이 죽이고 귀양 보내 버렸어. '사화±禍'가 시작된 거지.

□ 사화가 발생한 이유는 무엇인가요?

사화는 '사림±林의 화禍'를 줄인 말로, 사림들이 훈구파의 공격으로 크게 피해를 당한 사건을 말해.

사림을 옹호하던 성종이 죽고 연산군이 즉위하자, 훈구 세력이 드디어 칼을 빼 들었어. 성종 시대 역사를 정리한 실록을 편찬할 때 사관®으로 있던 김일손은 스승인 김종직의 '조의제문'을 사초에 실었어. 그런데 이것을 훈구파인 이극돈이 발견하여 '조의제문'의 내용이 세조의 왕위 찬탈을 비난한 것이라 하면서 김종직과 그의 제자들에게 엄한 벌을 내릴 것을 주장했지. 이 사건으로 김일손을 비롯한 사림 30여 명이 죽거나 귀양을 갔고, '조의제문®'을 지은 김종직은 이미 죽어 땅속에 묻혀 있었으나, 부관참시®를 당했어. 이 사화를 무오사화1498라고 해.

두 번째 사화는 연산군 10년에 일어난 갑자사화1504야. 연산군의 친어머니는 윤씨였는데, 연산군이 어렸을 때 왕비의 자리에서 쫓겨나 사약을 받고 죽었어. 연산군은 임금이 된 후에도 어머니의 비극을 모르고 있었어. 그런데 왕의 측근이자 훈구 세력인 임사홍 등이 반대파에 타격을 주기 위해 연산군에게 어머니의 비참한 죽음을 알려 버렸어. 복수심에 불탄 연산군은 어머니의 죽음에 관여한 사람들을 전부 죽여 버렸지. 이 사화로 훈구 세력도 일부 피해를 입었으나, 성종 때 언론 기관에

사관 史官. 역사를 담당하는 관리.

조의제문 중국 고대사에 등장하는 장군인 항우에게 죽은 초나라 의제를 추모하는 글로, 세조에게 죽임을 당한 단종을 의제에게 비유하여 세조의 왕위 찬탈을 은근히 비난했다.

부관참시 무덤을 파헤치고 관 뚜껑을 열어 시체의 목을 베는 일.

주로 근무하면서 윤씨의 잘못을 따지고 들어 폐비시키는 데 앞장섰던 사림 세력들이 더 큰 피해를 입었어.

□ 연산군 이후에는 사화가 없었나요?

갑자사화 이후 연산군은 더욱 포악해지면서 방탕해졌어. 이에 염증을 느낀 사람들이 서로 뜻을 모아 연산군을 쫓아내고 새로 왕을 세웠지_{중종반정(1506)}.

중종은 연산군 시대의 폭정을 해소하고 새로운 나라를 만드는 것이 자신에게 주어진 임무라고 생각했어. 그래서 그는 새로운 정치를 이끌어 갈 인재로 조광조를 발탁했어.

조광조는 김종직의 학문을 이어받은 김굉필의 제자로, 중종에게 발탁될 때의 나이가 34세였어. 그는 이상적 유교주의자답게 성리학적 이상에 입각한 정치를 조선 땅에 뿌리내리려고 노력했어. 그러나 조광조의 개혁 정치는 너무 급진적이었어. 기존의 과거 제도가 아닌 추천에 의한 인재 선발인 현량과를 실시하고, 개혁에 걸림돌이 되는 자들을 제거하려는 등 과도하게 이상적인 정치를 실현하려다 반발을 사고야 말았어. 처음에는 격려해 주던 중종마저 조광조에게 등을 돌리고 말았지. 이 기회를 파고든 훈구파는 개혁을 주도했던 조광조 세력을 죽이거나 귀양 보내고, 조광조식 개혁 정치를 일방적으로 중단해 버렸어_{기묘사화(1519)}.

권력은 다시 훈구파의 손에 넘어갔어. 그런데 이번에는 훈구파 내부에서 갈등이 발생했어. 중종이 죽자 왕위 계승을 놓고 윤씨들이 집안싸움을 벌였어. 중종에 이어 인종이 왕위를 계승했는데, 외척인 윤임이 왕위 계승권을 놓고 경쟁을 한 윤원형 일파를 홀대한 거야. 허나 인

조광조(1482~1519)

종은 즉위 8개월 만에 죽고 뒤를 이어 명종이 왕위를 물려받았어. 명종의 외척은 윤원형 집안이었어. 이번에는 윤원형 일파가 자신들을 홀대한 윤임 일파를 제거했지. 복수혈전이라고나 할까? 이 사건은 왕실의 외척들 간에 벌어진 권력 다툼이었어. 그러나 중앙 정계에 조금 남아 있던 사림 세력은 이 사건의 와중에서 또 피해를 입었어을사사화(1545).

□ 사화 이후 사림파는 어떻게 되었나요?

오랜 기간에 걸쳐 일어난 네 차례의 사화로 사림들은 큰 피해를 입었지. 그렇다고 사림들이 완전히 몰락한 것은 아니었어. 사림의 힘도 보통은 넘었어.

중앙 정계에서 쫓겨난 사림들은 자신들의 지지 기반이었던 향촌으로 다시 내려갔어. 그리고 그곳에서 성리학적 이상 국가를 건설하기 위한 기반을 다지며, 서원과 향약을 만들어 향촌 사회에 영향력을 확대해 갔어.

서원은 유학 발전에 크게 기여한 덕망 높은 선배 유학자를 제사 지내고, 동시에 지역의 인재를 키우기 위해 만든 사립학교야. 사림들은 향촌에 내려와 살면서 각 지역에 서원을 많이 만들었어.

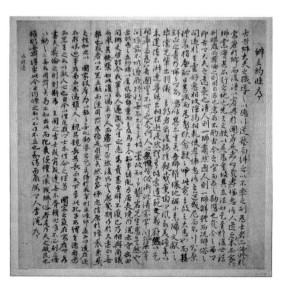

향약은 마을 공동체 조직으로, 우리나라에 예로부터 있어 왔던 '계' 조직에 유교 윤리를 가미한 거야. 사림들은 이 두 기구를 향촌 사회에 널리 보급하면서 자신들의 세력 기반을 점차 확대해 갔지.

이황이 쓴 향약의 서문

□ 사림파는 다시 세력을 잡았나요?

16세기 말, 선조 시대에 향촌에서 세력을 키우고 있던 사림들이 대거 중앙 정계로 진출했어. 선조는 인격이 훌륭하고 덕망이 높은 향촌의 사림들을 적극적으로 정치에 끌어들여 중앙 정계는 이제 사림들의 세상이 되었어.

그런데 사림 세력이 정권을 잡은 이후로 조정 내에는 문제가 하나 발생했어. 관직의 수에 비해 관리가 되고자 하는 선비들의 숫자가 너무 많았어. 무릇 양반이라 함은 관리가 되어야 먹고살 수 있는데, 관직의 숫자는 한정되어 있으니, 너도 나도 관리가 되기 위해 경쟁을 하게 되었어. 요즘 대학생들처럼 취업난이 심각했던 거지.

따라서 양반들은 집안사람끼리, 또는 출신 서원이나 고향이 같은 사람끼리 뭉치게 되었고, 자기와 비슷한 연줄을 가진 사람을 하나라도 더 관직에 진출시키기 위해 노력했어. 이러한 현상은 사림이 중앙 정계를 장악하는 16세기 말부터 본격화된 것으로, '붕당 정치'가 나타나게 된 주요 배경이라고 할 수 있어.

붕당이 만들어진 최초의 발단은 문신 관리들의 인사권을 가진 이조의 전랑직 임명 문제를 놓고 관리들이 두 개 파로 나뉘지면서부터야. 이조 전랑은 요즘으로 치면 중앙 정부의 인사 담당 과장에 해당되지. 조정 내 여러 관직 중에서 노른자위였어. 그런데 이 직책을 놓고 사림 세력은 두 파로 나뉘어져서 동인과 서인이 나타나게 되었어. 서인은 대개 율곡 이이와 우계 성혼의 학문을 계승한 경기도와 충청 지방의 사림들이 대부분이었어. 반면에 동인은 퇴계 이황과 남명 조식의 학문을 계승한 영남 지역 사림이 중심을 이뤘어.

□ 성리학적 사회 질서는 언제 전국으로 퍼졌나요?

서원과 향약의 확대 보급은 향촌 사회에 사
림 세력을 뿌리내리게 함과 동시에 풍속을 유
교적으로 교화시키며 백성들의 삶을 유교 윤
리에 맞게 생활하도록 이끌기도 했어. 그 결과,
양반 중심의 신분 질서가 향촌 사회 전반에 확
립되었어.

사실 조선 정부는 건국 초부터 상류층은 물
론 일반 백성에게까지 성리학적 유교 윤리를 보
급하려 애썼어. 나라와 왕실 행사는 『국조오례

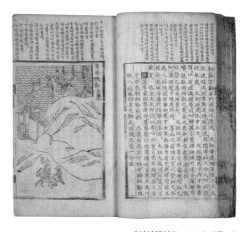

『**삼강행실도**』 조선 세종 시
대에 발간된 도덕책. 우리나
라와 중국의 서적에서 삼강
(군신, 부자, 부부)에 모범이
될 만한 충신, 효자, 열녀 이야
기를 발췌하여 모아 놓았다.

의』●에 규정된 유교 예법에 따라 진행했으며, 『삼강행실도』를 발간 보급
하여 사회 전반에 유교 윤리가 스며들도록 했어. 하지만 15세기에는 성
리학적 윤리가 사회 전반에 영향을 미칠 정도로 확대되지는 못했어.

그럼 언제부터 성리학적 질서가 사회 전반에 스며들었냐고? 사림
세력이 크게 활동했던 16세기부터야. 사림들은 유학 교육 입문서인
『소학』과 가정에서 지켜야 할 의례를 규정한 『주자가례』●를 확대 보급
하면서 성리학적 질서가 사회 전반에 확산되도록 했어. 또한 충신과 효
자, 열녀를 찾아내어 상을 내리고, 『속 삼강행실도』와 같은 윤리서를
많이 만들어 보급했어. 이에 따라 16세기부터 성리학적 윤리는 양반은
물론이려니와 백성 생활에도 점차 영향을 미치기 시작하며 결혼, 제사
와 같은 집안 행사들이 성리학적 의례에 따라 치러졌어.

이러한 질서 확립이 가져온 영향은 무엇이었냐고? 성리학에서는 사
람마다 하늘이 부여해 준 지위에 맞는 역할이 있다고 강조했어. 이를
천명 의식에 입각한 '명분론'이라 해. 즉, 임금과 신하, 남자와 여자, 부
모와 자식, 적자와 서얼이 각자 자기 본문에 맞는 일과 행동을 하는 것

『**국조오례의**』 5가지 국가의
중요 행사 절차를 규정한 책.
오례는 국가의 각종 의식에 관
한 '길례', 혼인과 관련한 '가례',
외국 사신 접대 의식을 담은
'빈례', 군대와 관련된 '군례', 장
례에 관한 '흉례'를 말한다.

『**주자가례**』 주자가 유교 윤
리에 입각하여 서술한 것으로
관혼상제 예절이 상세히 써
있다.

은 하늘로부터 부여받은 의무이고, 각 신분은 자기 신분에 걸맞은 일을 해야 했지. 이런 의식이 사회 전반에 깊숙이 뿌리를 내리다 보니, 양반과 상민으로 신분을 나눈 반상제 아래에서 자연히 양반 중심으로 신분 질서가 자리를 잡아 갔어. 또한 양반집에서는 조상의 제사를 모시기 위해 가묘*를 세웠으며, 가족과 친족의 혈통 관계를 밝혀 주는 족보를 편찬하여 집안 내의 결속력 강화에 활용했지.

가묘 家廟. 한 집안의 사당으로, 조상의 신주를 모셔 놓은 집.

별로 좋은 영향은 아니었다고? 적장자 위주의 상속, 남녀 차별 등도 성리학적 사고관이 우리 사회에 미친 영향이니, 요즘 사람들의 시각으로 판단하면 당연히 바람직한 영향은 아니었지. 하지만 조선 사회를 이끌었던 양반 중심 신분 체제 확립에 성리학적 사고가 지대한 영향을 미친 것은 숨길 수 없는 사실이야.

우후죽순처럼 세워진 서원의 말로는?

조선 최초의 서원은 풍기군수로 부임한 주세붕이 세운 백운동 서원이야. 주세붕은 성리학을 우리나라에 처음 도입한 안향이 순흥 안씨임에 착안하여 풍기군 순흥면 백운동에 안향을 모시는 사당을 건립하고, 이름을 백운동 서원이라고 했어. 그 후 퇴계 이황이 풍기 군수로 부임하여 이런 좋은 것은 국가에서 장려해야 한다며, 왕에게 국가에서 적극 지원해 줄 것을 요청하는 상소를 올렸어. 이에 명종은 명망 높은 선비인 이황의 건의를 받아들여 1550년, '소수 서원'이라는 현판과 함께 토지와 서적, 노비 등을 지원해 주었지. 거기다가 면세와 면역의 특권까지 주었어. 이처럼 국가로부터 공식적으로 인정받아 각종 혜택을 받는 서원을 '사액 서원'이라 하는데, 왕이 현판額을 내렸다賜고 해서 붙인 이름이야. 소수 서원은 우리나라 최초의 사액 서원이었어.

소수 서원 이후 서원을 설립하는 것이 유행처럼 번져서 16세기 후반 선조 때에는 사액을 받은 서원이 100여 개를 넘을 정도였어. 서원의 확산은 사림 세력의 확대에 크게 기여하였으나, 반면에 폐단도 많았어. 서원은 사림 내부의 갈등 속에 나타난 붕당 정치의 온상이 되었으며, 국가 재정을 약화시키는 주범이기도 했어. 그래서 영조 때는 서원을 붕당의 온상으로 지목하여 서원 정리를 단행했고, 흥선 대원군도 전국에 있는 1,000여 개의 서원 중에서 47개소만 남기고 모두 철폐해 버렸어.

소수 서원의 강당인 명륜재(경북 영주)

☐ 훈민정음을 만든 이유는? ☐ 인쇄술의 발달 속에 꽃피운 편찬 사업은?
☐ 과학과 기술도 발달했나요? ☐ 문학과 예술 활동은 활발했나요?

☐ 훈민정음을 만든 이유는?

우리 민족은 삼국 시대 이전부터 한자를 사용하여 의사소통을 해 왔어. 하지만 앞서 이야기했듯이 한자는 배우기가 어렵고 우리가 실제 사용하는 말과 달라 지배층을 제외한 대부분의 백성들은 한자 까막눈이었어. 세종은 이러한 백성들의 어려움을 안타깝게 여겨 우리말을 소리나는 대로 표기할 수 있는 새 글자를 만들려고 했어. 이런 연유 속에 만들어진 글자가 한글의 원형인 훈민정음이야.

훈민정음이 처음 만들어졌을 때, 사대 의식에 젖은 일부 지배층은 확대 사용에 반대했어. 왜 반대했냐고? 대국인 중국과 다른 문자를 사용하는 것은 스스로 오랑캐가 되는 것이라 하여 훈민정음을 언문, 반절이라 부르며 천대했어. 언문이나 반절에는 '한자보다 못한 글'이라는 의미가 담겨 있어.

그러나 조선 정부는 세종의 명으로 한글의 확대 보급과 함께 왕실의 권위를 높이기 위하여 조선 개창을 찬양한 『용비어천가』를 한글로 만들어 책자로 발간하였으며, 한글로 판각

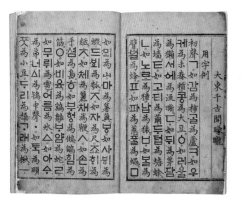

『훈민정음 해례본』 세종의 명으로 정인지 등이 한글 창제의 원리와 사용법을 설명한 책.

한 유교 윤리서를 전국 각지에 보급했어. 또한 향리 선발 시험의 답안지 작성을 훈민정음으로 하게 하여 새 글자의 전국 확대를 시도했어.

한편 훈민정음은 백성들도 쉽게 배울 수 있어서 시간이 흐를수록 사용자가 증가했으며, 한글 문학 작품도 하나둘씩 등장하여 서민이나 여성층 위주로 읽혔어.

한글의 창제와 보급! 그 덕에 우리 민족은 개성 있는 우리글을 가짐으로써 민족적 색채가 고스란히 담겨 있는 문화를 발전시켜 나갈 수 있었던 거지.

□ 인쇄술의 발달 속에 꽃피운 편찬 사업은?

조선은 건국 초부터 나라 개창의 정당성을 백성들에게 알리고, 성리학적 유교 이념을 보급하기 위하여 편찬 사업에 힘썼어.

조선의 편찬 사업이 꽃을 피우게 된 데는 인쇄술의 발달이 한몫했어. 태종은 주자소를 설치하여 금속 활자 계미자를 구리로 만들었어. 허나 이 활자는 활자가 판에 제대로 고정되지 않아 사용하는 데 불편했어. 이걸 해결하

갑인자 복원품 1434년(갑인년)에 만든 구리 활자인 갑인자를 복원한 것

기 위하여 세종 시대에 갑인자가 새로 만들어졌어. 이 활자는 활자 하나하나가 네모반듯하게 제작되어 활자판에 제대로 고정되었을 뿐만 아니라 글자체도 아름다워 인쇄술 발달에 크게 기여했어. 갑인자의 탄생으로 하루에 찍어 낼 수 있는 인쇄물이 5~6장에서 40여 장으로 확대되었다니, 편찬 사업 활성화에 갑인자가 크게 기여했음을 알 수 있지.

다양한 종이 생산도 편찬 사업 활성화에 단단히 한몫 했어. 태종 시대에 전문적으로 종이를 제조하는 관청인 조지소를 설치하였고, 세종

때에는 재질이 우수한 여러 종의 종이가 생산되며 편찬 사업 활성화를 뒷받침했어.

조선 전기에는 여러 분야의 책이 매우 다양하게 만들어졌어. 태조 때 정도전은 『고려국사』를 편찬하여 조선 개국을 정당화하는 관점에서 고려 역사를 정리했어. 세종 때는 국가사업으로 자주적 관점에서 고려 역사를 정리한 『고려사』를 편찬했으며, 문종 때 김종서는 『고려사』 작업을 하면서 아쉬웠던 부분을 보완하여 개별적으로 『고려사절요』를 발간했어. 성종 때 서거정은 왕명을 받아 단군 조선부터 고려 말까지의 역사를 정리한 『동국통감』을 편찬하였어. 그는 이 책에서 고구려, 백제, 신라를 대등한 위치에서 서술함으로서 신라 중심으로 역사를 서술했던 기존 역사책과는 차별화된 역사의식을 선보였어.

한편 조선 정부는 전임 왕의 역사 기록을 후임 왕 시절에 책으로 발간하여 후대의 정치에 참고하도록 했는데, 이 작업은 조선 말기까지 중단 없이 계속 이루어졌어. 이렇게 해서 만들어진 역사서가 『조선왕조실록』이야. 조선 시대 전체의 역사 기록이 방대하고 자세히 담겨 있어서 지금도 조선 시대 역사를 연구할 때 이 책을 기본 자료로 활용하고 있어.

유교적 질서 확립을 위한 의례서도 활발하게 편찬되었어. 나라의 중요한 행사 절차를 규정한 『국조오례의』가 편찬되었으며, 우리나라와 중국의 서적에서 발췌한 충신·효자·열녀 이야기를 담은 도덕책인 『삼강행실도』도 편찬되어 백성들에게 보급되었어.

조선은 초기부터 중앙 집권과 국방력 강화를 위하여 지리서와 지도 제작에도 힘을 썼어. 태종 때 세계 지도인 혼일강리역대국도지도가 제작되었어. 현재 동아시아에 남아있는 세계 지도 중 가장 오래된 지도야. 세종 시절에는 전국 지도인 팔도도가, 세조 때에는 동국지도가 만들어졌어. 16세기에는 조선방역지도가 제작되었는데, 전국을 8도로 구

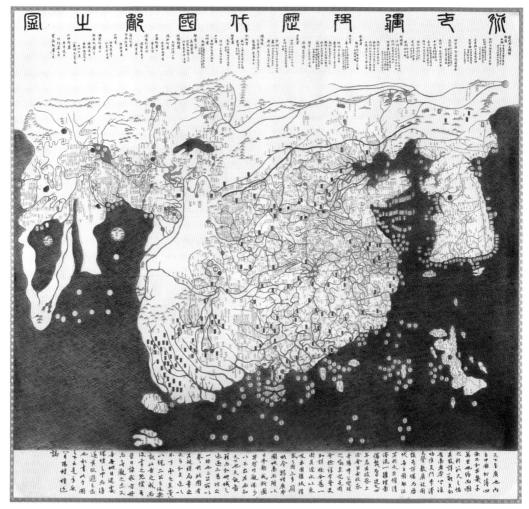

혼일강리역대국도지도 태종 때 제작된 것으로, 현재 동양에 남아 있는 가장 오래된 세계 지도이다.

분하고 지방 행정 구역에 따라 색깔을 달리 칠해, 당시 지도 제작이 행정 업무와 밀접하게 관련되었음을 보여 주고 있어.

지리책이라 할 수 있는 지리서도 제작되었는데, 세종 때는 『신찬팔도지리지』와 이 책을 보완하여 세종실록 안에 넣어 놓은 『세종실록지리지』가 편찬되었어. 그리고 성종 때에는 『동국여지승람』이 제작되었어. 이 책은 각 군현의 역사와 지리, 풍속, 교통 등이 자세히 수록되어 있어서 조선 전기 지방 사정을 상세히 알려 주고 있어.

농업 장려 정책과 함께 농서 간행도 활발하게 진행되었어. 세종 때 편찬된 『농사직설』은 중국 농업 기술을 수용하면서도 우리 실정에 맞는 독자적인 농법을 정리한 자주적 농서야. 씨앗의 저장법, 토지 개량, 모내기법이 농민들의 실제 경험담 위주로 수록되어 있지. 의학서로는 세종 때 고려 후기 의서와 중국 의서를 종합하여 우리 땅에서 나는 약재들로 1천 종에 가까운 질병의 치료법을 정리한 『향약집성방』이 있으며, 의학 백과사전 격인 『의방유취』도 조선 전기에 편찬되었어.

□ 과학과 기술도 발달했나요?

조선은 부국강병과 민생 안정을 위하여 과학과 기술학도 중시했어. 천문학 분야에서 조선은 우리나라의 전통 과학을 바탕으로 서역과 중국의 과학 기술을 받아들여 큰 진전을 이뤄 냈어. 태조 때에 고구려 천문학을 바탕으로 '천상열차분야지도'를 돌판에 새겨 새 왕조의 권위를 높였어. 세종 때에는 혼천의와 간의도 제작하여 하늘 관측에 활용했으며, 중국과 아라비아 역법을 참고하여 서울을 기준으로 천체 운동을 측정한 달력인 『칠정산』을 만들었어. 내편과 외편으로 나누어 제작된 『칠정산』은 1년의 길이를 365.2425일로 정하여 수도인 서울을 기준으로 일식과 월식을 정확하게 예측할 수 있게 했으며, 서울의 위도에 따라 해 뜨는 시간과 해 지는 시간, 밤낮의 길이를 정확히 계산해 놨어. 이처럼 정확한 달력을 만들기 위해 노력한 이유는 농사철을 정확하게 파악하여 백성들의 농사에 도움을 주기 위해서야.

세종 때에는 자격루물시계와 앙부일구해시계도 만들었어. 또한 비 오는 양을 재는 측우기를 세계 최초로 만들어 가뭄과 홍수에 대비했고, 토지의 높낮이를 측정하는 측량 기구인 인지의와 지도 제작 기구인 규형을 제작하여 토지 측량에 활용하기도 했어.

기술학 분야에서는 국방력을 강화하기 위하여 화통도감을 설치하여 화포를 개량했으며, 신기전과 바퀴 달린 화차를 만들어 여진과 왜구 토

세종 때 제작된 해시계인 앙부일구(왼쪽), 강수량 측정 도구인 측우기(오른쪽).

벌에 활용하기도 했어.

한편 '거북선' 하면 우리는 임진왜란 직전에 만들어져 이순신이 전투에 투입한 것만 떠올리는데, 사실 거북선은 조선 건국 초부터 만들어졌어. 따라서 이순신이 왜군과의 전투에 활용한 거북선은 국초에 제작된 거북선을 개량하여 만든 철갑선이라고 할 수 있지.

□ 문학과 예술 활동은 활발했나요?

조선 시대에는 건국 초부터 한문학이 크게 융성했어. 선비들은 한시를 짓고 문집을 만들며 자신들의 교양과 지식 수준을 뽐냈어. 서거정은 삼국 시대 이래의 유명한 시와 문장을 선별하여 『동문선』을 발간하였고, 세조 때 학자 김시습은 『금오신화』를 썼어. 붓글씨를 잘 쓴 서예의 대가로는 안평대군과 한호가 있었어.

자기 공예에 있어서는 고려 말에 왜구들이 번성하면서 해안가에 있던 부안이나 강진의 청자 도요지들이 내륙 깊숙한 곳으로 옮겨지며 조선 초기에는 분청사기가 많이 제작되어 유포되었어. 소박하고 천진스러운 무늬로 우리 민족의 정서에 딱 와 닿는 이 도자기는 회청색 혹은

백자 철화 끈무늬 병

분청사기 상감 연꽃무늬 물새무늬 납작병

분청사기 음각어문 편병

회백색을 띠고 있는데, 여자가 분을 발라 얼굴을 아름답게 꾸미듯이 거친 태토로 만든 도자기 표면을 매끄럽게 하기 위해 흰색 분을 덧칠했기에 분청사기라고 해. '청자에 분을 바른 그릇'이란 의미에서지. 내륙 지역인 충청도 계룡산 자락과 광주 무등산 자락에서 주로 생산되어졌어.

16세기로 접어들면서는 사대부의 미의식을 대변하는 백자가 만들어져 상류 선비 사회에 널리 유행하였어. 백자 제작 초기에는 무늬가 없는 순백자가 유행했으나, 중국에서 파란색 물감이 수입되며 점차 도자기 표면에 청색 그림을 그려 넣은 청화 백자가 유행했어. 한편 일반 서민 사회에서는 옹기가 많이 사용되었어.

조선 초기를 대표하는 화가로는 안견과 강희안이 있어. 조선은 그림을 전문적으로 그리는 화가가 소속된 관청이 있었는데, 이름이 도화서였어. 이곳에는 전문 화원이 소속되어 왕실과 국가가 필요로 하는 다양한 그림들을 그려 냈어. 안견은 도화서 출신 전문 화원으로 〈몽유도원도〉를 그렸어. 강희안은 문인 출신 화가로, 그가 그린 〈고사관수도〉는 바위에 느긋하게 몸을 기대고 흐르는 물을 감상하는 선비를 간결하고 과감한 필치로 묘사한 작품이야. 덕이 높은 선비의 고매한 인품을 느끼게 하는 우수작이지. 16세기에는 선비들의 기품을 나타낸 사군자^{매화·난}^{초·국화·대나무} 그림이 유행했어. 양반 사회가 점차 정착되며 그들의 선비 정신을 드러내는 그림들이 사회 전반에 자리 잡았다고 할 수 있지.

음악은 국가 의례와 결부되어 발전했어. 세종 때 음악가 박연은 궁중 음악인 아악을 체계적으로 정리하여 훗날 종묘 제례악 편성에 도움을 주었어. 성현은 성종 때 조선 전기의 음악적 성과를 모아 『악학궤범』을 편찬했어. 이 책에는 옛날부터 전해져 오는 음악 가사가 한글로 실려 있으며, 궁중 음악은 물론 우리나라 고유 음악인 향악과 통일 신라 이후 소개된 중국 음악 당악에 관한 이론 및 제도, 법식 등이 그림과 함께 설명되어 있어.

〈**고사관수도**〉 조선 초기 문인 화가 강희안의 그림.

몽유도원도는 어떻게 그려졌을까?

몽유도원도는 우리말로 풀이하면 '꿈에서 놀던 복숭아밭을 그린 그림'이야. 화가 안견이 1447년에 세종의 셋째 아들인 안평대군의 꿈 이야기를 바탕으로 3일 동안 정성을 다해 그렸다고 해.

안평대군이 하루는 베개를 베고 누웠는데, 정신이 갑자기 혼미해지며 깊은 잠에 빠지게 되었어. 잠결에 꿈을 꾸었는데, 신하인 박팽년과 함께 신선이 사는 복숭아밭을 찾아가 "이곳이 바로 무릉도원일세!" 하고 감탄하는 꿈이었어.

잠에서 깨어 이를 안견에게 말해 주며 그림으로 그리라 하니, 안견이 〈몽유도원도〉를 그려냈어. 그림을 자세히 보면 왼쪽 부분이 현실 세계야. 안평대군은 박팽년과 이곳에서 출발하여 굽이굽이 험한 산길을 지나 오른편 무릉도원에 들어가 신선 세계를 조우했지.

〈**몽유도원도**〉 안평대군의 꿈 이야기를 듣고 안견이 1447년 그린 그림이다. 현재 일본 덴리대학에 소장되어 있다.

17 우리 민족은 **왜란을** 어떻게 극복하였는가?

□ 16세기 말, 조선과 일본의 정세는요? □ 임진왜란 초기의 상황은 어떠했나요?
□ 조선의 희망, 이순신과 의병들은 어떻게 싸웠나요?
□ 왜란의 승리자는 누구일까요? □ 왜란은 조선에 어떤 상처를 남겼나요?

□ 16세기 말, 조선과 일본의 정세는요?

16세기 말에 일본과 대규모 전쟁이 있었어. 바로 임진왜란이지. 7년여에 걸쳐 우리 땅을 전쟁터로 만들었던 왜란은 조선이 세워진 이래 한 번도 겪어 보지 못한 대위기였어.

왜란 직전 도요토미 히데요시는 100여 년에 걸친 전국 시대의 혼란을 끝내고 일본을 통일했어. 허나 제후들과 무사^{사무라이} 세력들의 힘이 남아 있는 상태에서 정국이 안정된다는 보장이 없었어. 이런 연유로 인하여 도요토미는 본인의 대륙 진출 야망을 실현함과 동시에 무사 세력들의 힘을 국외로 돌리기 위하여 조선 침략을 은밀하게 준비했어.

일본이 이처럼 전쟁 준비를 하고 있을 때, 조선은 어떠했을까? 조선 정부는 동인과 서인으로 나뉘어 서로 자신들이 옳다고 주장하면서 사사건건 대립하고 있었어. 군역 제도 또한 문란하여 국방력이 약화된 상태였지. 이러한 때에 도요토미가 조선을 침략하려 한다는 소문이 들려왔어. 불안을 느낀 조선은 일본의 동향을 파악하기 위하여 급히 사절단을 파견했어. 그러나 일본을 다녀온 사절단 일행은 동인과 서인으로 갈라져 서로 다른 말을 했지. 정사⁎로 일본을 다녀온 서인 황윤길은 일본의 침략 가능성이 높으니 서둘러 전쟁에 대비할 것을 주장했어. 반면에

정사 正使. 사절단 일행의 총책임자.

동인인 부사⦁ 김성일은 일본이 침략할 가능성은 그리 높지 않다고 주장하면서 무리하게 전쟁 준비를 할 필요는 없다고 답했지. 두 사람의 각기 다른 보고로 조선 정부는 전쟁에 대비하는 뚜렷한 대책을 세우지 못하고 논의만 분분한 채, 허송세월을 보내고 말았어.

□ 임진왜란 초기의 상황은 어떠했나요?

1592년 4월, 왜군은 약 20만의 군사를 동원하여 부산으로 쳐들어왔어. 부산진을 지키고 있던 첨사 정발이 최선을 다했으나 무너졌고, 동래부사 송상현이 지키던 동래성도 함락되고 말았어. 그 후 왜군은 세 갈래 길로 나누어 한양을 향해 신속하게 진격해 왔어.

조선 정부는 크게 당황했지. 선조는 북방에서 여진족을 토벌하면서 명성을 날린 신립 장군에게 군사를 주어 무서운 기세로 밀고 들어오는 왜군을 막으려 했어. 신립은 군대를 이끌고 조령문경 새재의 험준함을 이용하여 왜군을 막으려 했지. 그러나 마음을 바꿔서 충주의 탄금대 앞에서 강을 뒤에 두고 배수진을 쳤어. 배수진은 적에 비하여 군사력이 현저히 열세일 때, 죽기를 각오하고 치는 진으로 만약 실패하면 전군이 몰살당하는, 죽기 아니면 까무러치기 전법이야. 신립은 왜군에 비하여 조선의 군사력이 크게 열세라고 판단하여 강

〈동래부 순절도〉 임진왜란 당시 동래부사 송상현이 왜군과 싸우던 모습을 그린 기록화로, 조선 후기 동래부 화원 변박이 그렸다.

을 등 뒤에 두고 모래밭에 진을 친 거지. 그러나 이 싸움은 조선군의 대패로 끝나고 말았어. 신립 부대는 왜군의 주력 무기인 조총을 당해 내지 못하고 전멸하고 말았어.

신립이 충주에서 패했다는 소식이 전해지고 왜군이 한양 근처까지 밀고 올라오자, 선조는 어쩔 수 없이 평양으로 피란을 떠났어. 하지만 평양마저 위험해지자 다시 국경선 근처에 있는 의주로 옮겨 갔어. 조선은 전쟁 시작 40일 만에 전라도 지역을 제외한 전 국토를 적의 수중에 넘기는 수모를 당하고 말았지.

□ 조선의 희망, 이순신과 의병들은 어떻게 싸웠나요?

육지에서 조선 보병이 속수무책으로 당하고 있을 때, 바다에서는 이순신 장군이 이끄는 조선 수군이 연전연승하고 있었어. 당시 왜군은, 보병 부대가 최대한 빨리 진격하여 한양을 장악하고 평안도와 함경도로 올라갈 때, 수군이 곡창 지대인 전라도 지방에서 곡식을 약탈하여 서해안을 통해 육군의 군량미를 조달하려고 했어. 그러나 왜군의 이러한 작전은 이순신에 의해서 여지없이 깨지고 말았지.

당시 전라도와 경상도에는 각각 좌측에 하나^{좌수영}, 우측에 하나^{우수영} 해서 두 개의 수군 부대가 있었어. 왜란이 일어난 직후 경상도의 수군은 거의 없어지다시피 했지만, 다행히 전라도 수군들은 이순신 덕분에 제 모습을 유지하고 있었어. 이순신은 임진왜란 직전에 전라 좌수영^{전남여수}을 지휘하는 수군절도사로 부임하여 왜군의 침입에 대비한 군사 조련에 힘을 쏟았지. 돌격선인 거북선까지 만들어 놓고 말이야.

이순신은 왜적이 부산으로 쳐들어왔다는 소식을 듣고, 경상도 해안으로 나아가서 옥포 앞바다에서 왜군 함대 26척을 격파했어. 이때 조선 수군의 피해는 군인 한 사람이 부상을 당한 정도였으니, 실로 놀라운 승리라고 할 수 있지. 이어서 사천 해전에서 거북선을 전투에 처음 투입하여 왜의 함대를 놀라게 했고, 당포, 당항포 해전에서도 큰 승리를 거두어 적군의 코를 납작하게 만들어 버렸어.

일본에 있던 도요토미 히데요시는 당연히 안달이 났지. 한반도를 단시간 내에 점령하고 중국 대륙까지 쳐들어가려 했던 야심이 이순신 때문에 물거품이 될 위기에 처했으니 말이야. 위기의식을 느낀 도요토미는 전 수군을 동원하여 이순신의 함대를 격파하라는 명령을 내렸어. 하지만 이순신

복원되어 전시 중인 거북선
이순신이 조선의 대표적 군함인 판옥선을 개조하여 만든 철갑선으로, 해전 시 돌격선 역할을 했다.

학익진 학이 날개를 편 것처럼 적을 둘러싸는 진형.

은 만만한 상대가 아니었어. 알다시피 전술 운용의 달인이잖아. 이순신은 한산도 앞바다로 적군을 유인하여 '학익진●'으로 66척의 적선을 격파하는 대승을 거두었지.

그런데 이순신은 어떻게 싸웠기에 기세등등했던 왜군을 상대로 연전연승할 수 있었을까? 우선적으로 생각할 수 있는 것은 전라도 해안가에 살았던 수많은 백성들의 적극적인 동참과 후원, 희생정신이야. 이들이 적극적으로 나서 주었기에 수적 열세에도 불구하고 왜적에게 적극 대항할 수 있었지. 여기에 이순신의 탁월한 전략 전술과 왜군에 비하여 월등히 우수한 성능을 가진 화포가 있었기 때문이야.

일반적으로 바다에서 치르는 싸움은 배와 배를 부딪쳐서 충격을 준후, 상대편의 배로 뛰어 들어가서 칼싸움을 전개하는 방식이었지. 그러나 이순신은 그렇게 싸워서는 검술에 능한 왜군에게 승산이 없다는 것을 간파하고 있었어. 그래서 왜선 가까이에 가지 않고 멀리 떨어져서 학익진을 펼치고 화포를 쏘아 적선을 불태우거나 침몰시켰어. 조선 수

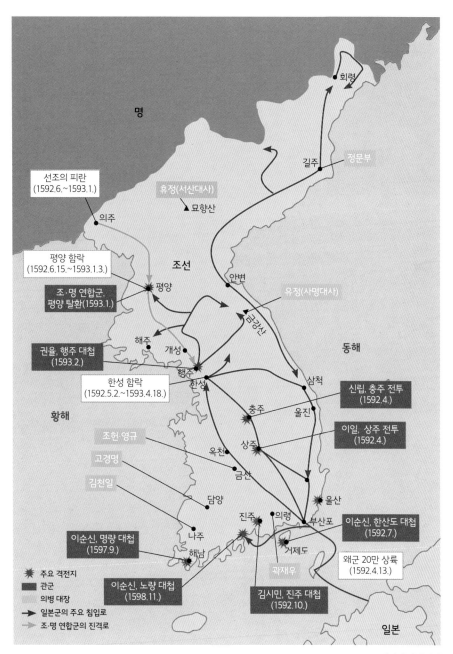

선조의 피란
(1592.6.~1593.1.)

휴정(서산대사)
묘향산

명

조선

평양 함락
(1592.6.15.~1593.1.3.)

조·명 연합군,
평양 탈환(1593.1.)

평양

안변

유정(사명대사)

길주

정문부

회령

동해

권율, 행주 대첩
(1593.2.)

해주

개성

행주

한성

삼척

신립, 충주 전투
(1592.4.)

한성 함락
(1592.5.2.~1593.4.18.)

충주

울진

황해

조헌·영규

고경명

김천일

옥천

금산

상주

이일, 상주 전투
(1592.4.)

담양

울산

이순신, 명량 대첩
(1597.9.)

나주

해남

진주

의령

거제도

부산포

이순신, 한산도 대첩
(1592.7.)

곽재우

왜군 20만 상륙
(1592.4.13.)

이순신, 노량 대첩
(1598.11.)

김시민, 진주 대첩
(1592.10.)

일본

의주

주요 격전지
관군
의병 대장
일본군의 주요 침입로
조·명 연합군의 진격로

왜란의 전개 과정

곽재우(1552~1617) 동상

군의 배에 장착한 화포의 사정거리는 무려 1,000미터나 되었어. 이에 반하여 왜 수군의 주력 무기는 조총이었고, 함포는 조선 수군에 비해 사정거리가 현저하게 짧았어. 그러니 멀리서 화포로 대결을 해서는 왜군이 조선군을 당해 낼 수 없었던 거지.

한편, 수군이 바다에서 이처럼 큰 승리를 거두고 있을 때 육지에서도 의병 부대가 하나둘씩 나타나 일본군을 괴롭혔어. 의병들은 나라가 위기에 처하자 구국의 일념으로 전국 각지에서 자발적으로 일어난 사람들이야. 향토 지리에 익숙하여 매복이나 기습 작전을 통하여 왜적에게 큰 피해를 입혔지. 최초로 의병을 일으킨 인물은 경상남도의 곽재우야. 붉은 옷을 입고 백마를 타고 다니며 가는 곳마다 승리를 거두었다고 해서 '홍의장군'이라고 불렀지. 왜군은 홍의장군 곽재우가 나타났다 하면 피해서 돌아갈 정도였어. 곽재우 이외에도 경상도에서는 정인홍, 전라도에서는 김천일·고경명, 충청도에서는 조헌, 함경도에서는 정문부가 의병 부대를 조직하여 왜군과 싸웠어. 그뿐만 아니라 승려들도 서산대사를 중심으로 승병을 조직하여 왜군의 침략에 강력하게 저항했지.

□ 왜란의 승리자는 누구일까요?

조선 수군이 승리를 거두고 의병 활동 또한 활발하게 전개될 무렵, 명나라가 군대를 파견해 왔어. 전열을 정비한 조선군은 명군과 연합하여 평양성을 탈환했어. 행주산성에서는 권율 장군이 왜군과 치열한 공방전을 벌여 승리를 거두었어. 이제 전세는 완전히 역전되었어.

조선의 반격에 밀려나던 왜군은 다급해져서 명에게 휴전을 제의했어. 이때 조선은 끝까지 전쟁을 해서 왜군을 한반도에서 완전히 몰아내

자고 주장했지만, 명은 왜의 요
구를 받아들여 휴전 협상에 들어
갔어. 아니, 왜! 자기 나라로 왜군
이 들어오는 것을 막는 데 주안
점을 두고 싸웠기 때문이야.

전남 순천의 왜성 유적지

왜군은 남해안가에 성을 쌓고
주둔하고 있으면서 명과 3년 동
안 협상을 벌였어. 그런데 일본
은 조선이나 명으로서는 도저히
받아들일 수 없는 얼토당토않은 조건을 철군의 명분으로 제시했어. 명
의 공주를 일본 왕의 후비로 보내고, 조선 8도 중 남쪽에 위치한 4개
도를 내놓으라는 것이었지.

휴전 협정은? 당연히 깨졌지. 다시 전쟁이 시작되었어정유재란(1597). 조
선 육군은 밀고 올라오는 왜군을 충청도 직산에서 방어했어. 그런데 이
번에는 수군이 문제였어. 휴전 기간 동안 왜군의 교란 작전으로 이순신
이 모함에 빠진 거야. 이순신은 관직을 박탈당하고 죽기 직전까지 갔다
가 겨우 목숨을 구하여 정유재란이 발발할 즈음에는 육군 총사령관이
었던 권율 장군의 휘하에서 백의종군을 하고 있었어. 이때 조선 수군은
원균이 지휘하고 있었는데, 그는 칠천량에서 적군에게 크게 패하고 말
았어. 선조는 다시 이순신을 삼도 수군통제사°로 복귀시켰어.

삼도 수군통제사 전라도, 경
상노, 중청도 수군을 총 지휘
하는 최고 사령관.

이순신은 역시 명장이었어. 명량전남 진도 앞바다에서 조선 수군에 남은
13척의 배를 가지고 왜선 31척을 격파하여 적군을 꼼짝 못 하게 만들
어 버렸어. 그 후 왜군은 육지와 바다에서 더 이상 진격하지 못했지. 그
저 휴전 기간 동안 남해안 바닷가 언덕 곳곳에 쌓아 둔 성에 들어가 버
티기 작전을 구사할 뿐이었어. 조·명 연합군은 육지와 바다에서 왜성
을 포위하고 그들을 성안에서 굶겨 죽이는 작전을 썼어. 이때 왜군은

식량이 부족하여 자신들이 타고 다니던 말까지 잡아먹었대. 그들의 처지가 얼마나 곤궁했는지를 알 수 있는 대목이지.

1598년 8월, 전쟁을 일으킨 당사자인 도요토미 히데요시는 철군하라는 유언을 남기고 죽었어. 이순신은 철수하는 적을 순순히 물러가게 해 줄 생각이 없었어. 물러가는 적을 상대로 노량경남 남해 앞바다에서 최후의 일전을 벌였지. 전투는 이겼지만 이순신은 불행히도 적의 총탄에 맞아 장렬히 전사하고 말았어. 장군의 나이 54세였지.

□ 왜란은 조선에 어떤 상처를 남겼나요?

7년간의 전쟁은 조선의 승리로 끝이 났어. 허나 왜란은 조선 땅에서 치러진 전쟁이었기에 조선의 피해는 이루 말할 수 없었어. 전 국토가 황폐화되어 경작지가 전쟁 전에 비하여 3분의 1로 줄어들었으며, 인구도 크게 감소했어. 전쟁 중에 수많은 사람이 일본으로 끌려갔으며, 그중 일부는 포르투갈 상인에 의해 유럽 각국에 노예로 팔려 가기도 했어. 또한 전쟁 중에 노비 문서가 불타고 전쟁에 필요한 자금을 조달하기 위하여 정부가 주도하여 돈을 받고 관직을 팔면서 양반 중심의 신분 제도가 흔들리게 되었어.

문화유산의 피해도 심각했어. 불국사가 불탔으며, 『조선왕조실록』을 보관하던 사고●들도 소실되었어. 이 외에도 활자·서적·도자기·그림 등 많은 예술, 공예품을 일본 군인들에게 약탈당했어.

한편 명나라도 큰 피해를 입었어. 대규모 원정군의 파견으로 재정이 악화되었고, 국력이 쇠약해져 결국 여진족이 세운 청나라에게 멸망하고 말았어.

그럼 일본은 어찌되었을까? 일본도 정권이 교체되었어. 도요토미 히데요시 정권이 무너지고 도쿠가와 이에야스가 새로운 지배자가 되

사고 史庫. 실록을 보관하기 위하여 나라에서 지은 보관 창고로, 임진왜란 전에는 한양·충주·전주·성주 네 곳에 있었다. 임진왜란 당시 전주를 제외한 세 곳의 사고가 불에 타 없어졌다.

었어. 하지만 한편으로 일본은 조선의 문화유산과 선진 문물이 전해져서 문화 발전을 이룰 수 있었어. 왜란 중에 전래된 퇴계 이황의 성리학이 일본 성리학 발전에 크게 기여하였고, 도자기를 만드는 기술이 뛰어난 조선의 도공들을 다수 납치하여 일본 도자기 발전의 기틀을 마련하였어. 또 활자의 유입으로 인쇄술도 발전시켰어.

  그렇다면 왜란 이후 조선과 일본의 관계는 어떻게 전개되었을까? 왜란 후, 일본에 들어선 도쿠가와 이에야스 정부는 조선에 사신을 보내 통교할 것을 여러 차례 청해 왔어. 이에 조선은 승려 유정_{사명대사}을 일본에 보내 조선인 포로들을 데려온 뒤에 다시 국교를 맺었어. 다만 조선은 일본 사신이 한양까지 들어오며 지세를 정탐하는 것을 막기 위하여, 동래에 있는 왜관°에서만 일을 보고 돌아가게 했어. 우리 땅의 비밀 정보가 유출되는 것을 막기 위한 고육지책이었지. 한편 일본 정부의 요청으로 조선은 간혹 사절단_{통신사}을 일본에 파견하였는데, 19세기 초까지 12회에 걸쳐 통신사가 파견되어 우리의 선진 문물을 일본에 전해 주었어.

왜관 조선 시대에 일본인의 입국과 교역을 위해 동래에 설치했던 외교 기구.

조선 통신사 행렬도 일부 일본에 파견한 조선 통신사의 행렬을 묘사한 19세기 무렵의 그림. 사신단 대표를 비롯해 통역을 담당한 '역관', 그림을 전문적으로 그린 '화원', 악기 연주를 담당했던 '행악대' 등이 그려져 있다.

필사즉생, 필생즉사(必死卽生, 必生卽死)

"반드시 죽으려 하면 살 것이요, 반드시 살려고 하면 죽을 것이다."

이 말은 이순신 장군이 13척의 배로 왜선 133척과 명량에서 결전을 치르며, 부하들에게 죽기를 각오하고 싸우면 반드시 승리할 것임을 강조하며 했던 말이야. 다들 알고 있지?

우리나라에서 가장 물살이 빠르다는 명량은 순수 우리말로 '울돌목'이라 하며, 풀이하면 '물이 울면서 돌아가는 길목'이라는 뜻이야. 넓은 바다가 이곳에서 갑자기 좁아지기에 적은 수로 많은 수의 적을 막기에는 가장 좋은 전략적 요충지였어.

이순신은 수적으로 열세인 조선 수군이 다수의 기세등등한 왜적을 상대하기에는 명량이 최적임을 간파하였어. 그래서 이곳에 쇠줄을 가로로 설치하고 일자진을 펴서 왜군을 유인, 함포 공격을 퍼부었어. 그 결과 왜선 31척을 격침시켰고, 2,500여 명의 왜군을 물고기 밥으로 만들어 버렸어. 이 전투에서 조선 수군은 오직 2명의 사상자와 2명의 부상자만 발생하였으니, 이는 세계 해전사에서 그 유례를 찾아볼 수 없을 만큼 완벽한 승리였지.

한편 진도 사람들은 해변에 밀려온 왜군의 시체 100여 구를 수습하여 무덤을 만들어 주었어. 무덤이 있는 산 이름을 '왜놈들에게 덕을 베풀었다'하여 '왜덕산倭德山'이라 했는데, 현재 전라남도 진도군 고군면 내동리의 뒷산으로, 명량해전 때 죽은 왜군의 무덤이 아직도 공동묘지처럼 남아 있어. 2006년 8월에 일본 사람들이 왜덕산을 찾아 이국땅에 묻혀 있는 자신들의 조상들에게 제사를 지내 화제가 되기도 했어.

해남과 진도를 잇는 진도대교가 놓여 있는 현재의 울돌목 모습. 이곳에서 이순신은 거센 물살을 적절히 활용하여 절체 절명의 위기에서 적군을 격퇴했다. 위쪽에 이순신 장군 동상이 보인다.

18 광해군이 중립 외교 정책을 편 까닭은?

☐ 왜란이 끝난 이후의 동아시아 정세는? ☐ 광해군이 폈던 정책은?
☐ 새로 집권한 서인은 어떤 정책으로 나라를 이끌었나요?
☐ 호란 이후에 서인은 생각을 바꾸었나요?

☐ 왜란이 끝난 이후의 동아시아 정세는?

왜란의 와중에서 명나라가 쇠약해지고 여진족이 다시 성장하기 시작했어. 고려 전기, 금나라°가 몽골족에 의해 멸망한 이후, 여진족은 큰 세력을 형성하지 못하고 만주 일대에 흩어져 살았어. 그런데 명과 조선이 남쪽에서 침입해 온 왜군과 싸우느라 감시를 소홀히 한 틈을 타서 17세기 초반에 '후금'을 세우고[1616], 명과 싸움을 시작했어. 이로써 동아시아는 다시 혼돈의 소용돌이 속에 빨려 들기 시작했지.

금나라 1115~1234. 만주를 거점으로 여진족이 세운 나라.

☐ 광해군이 폈던 정책은?

후금이 동아시아 정세를 뒤흔들고 있을 때, 조선의 임금은 광해군이었어. 광해군은 임금이었음에도 불구하고 '군°'의 자리에 머무른 불행한 군주였지. 그에게는 항상 '폭군'이란 이미지가 꼬리표처럼 붙어 다니지만, 광해군은 폭군이기 이전에 혼돈의 시기에 탁월한 균형 감각을 가지고 외교 정책을 펼친 명 군주였어.

그는 왜란 도중에 세자가 되어 의주에 피란해 있던 임금을 대신하여 전국 방방곡곡을 돌아다니며 의병들을 독려하는 등 전쟁을 앞장서서

군 왕족에게 붙이는 칭호. 왕의 경우는 죽은 후에 그 사람의 업적에 따라 '조', '종'과 같은 묘호를 붙여 주었다. 하지만 연산군과 광해군처럼 폐위된 경우 군에 머무른다.

지휘했어. 그리고 임금이 된 뒤에는 오랜 전란으로 황폐해진 나라를 되살리기 위하여 불철주야 노력했지. 먼저 토지 대장과 호적을 새로 만들어 국가의 재정 수입을 늘렸고, 전쟁으로 피폐해진 산업을 일으켜 세웠어. 또 국방 강화를 위하여 성곽과 무기를 수리하고 군사 훈련을 실시하였으며, 전쟁 때 질병으로 많은 사람들이 죽어 나간 경험을 교훈 삼아 허준으로 하여금 『동의보감』을 편찬하게 했어.

이처럼 훌륭한 일을 많이 한 광해군인데, 왜 사람들은 그를 폭군이라고 할까? 여기에는 광해군의 외교 정책에 반발하여 쿠데타를 일으킨 서인들의 평가가 단단히 한몫하고 있어.

명나라는 날로 강성해지는 후금의 기세를 꺾기 위해 후금을 함께 정벌하자고 조선에게 요청해 왔어. 왜란 때, 명의 도움을 받았던 조선으로서는 그 요구를 거절하기가 어려웠지. 그러나 광해군은 신흥 강국인 후금을 상대로 싸우는 것은 현명하지 못한 행동이라고 생각했어. 그래서 꾀를 내었지. 일단 군사를 보내 명의 요구를 들어주되, 추이를 보아 후금과 강화°하고자 한 거야. 조금 비겁하지만, 명의 요구를 들어주면서 조선의 실리를 찾는 정책, 즉 명과 후금 사이에서 줄타기를 하는 중립 외교 정책을 구사했지. 광해군은 강홍립에게 5천의 군사를 주어 싸움터로 보내면서, 힘써 싸우지 말고 기회를 엿보아 후금에게 싸울 뜻이 없음을 전하라고 비밀리에 명했어. 강홍립은 광해군의 당부대로 후금과 싸우던 중에 조선의 파병이 어쩔 수 없었음을 설명하고 항복해 버렸어.

광해군의 이와 같은 행동은 당시 조선의 사정으로 보면, 아주 적절

강화 講和. 싸우던 두 편이 싸움을 그만둠.

한 처신이었어. 일본과의 오랜 전쟁 때문에 등이 휠 대로 휜 상태에서 다시 강대국을 상대로 전쟁을 한다는 것은 나라와 백성을 죽음의 길로 몰아넣는 일이었어.

그러나 광해군의 이러한 정책은 양반들이 중시했던 성리학적 명분 론에 맞지 않았어. 반감을 품은 서인들은 광해군을 쫓아내는 쿠데타를 일으켰어^{인조반정(1623)}.

서인들은 광해군을 축출하며 두 가지 이유를 댔어. 첫째는 중립 외 교 정책이 명에 대한 배신행위라는 것. 둘째는 '폐모살제'가 유교 윤리 에 어긋나는 패륜 행위라는 것이었어. 광해군은 왕위에 있을 때, 자신 의 정권을 위협하는 이복동생인 영창대군을 죽이고, 그의 어머니인 인 목대비를 궁궐 내에 잡아 가둔 적이 있었어. 자신의 친형인 임해군도 죽여 버리고 말이야. 광해군의 입장에서 보면 왕권 강화를 위하여 어쩔 수 없이 취한 부득이한 조치였지만, 유교 윤리관으로 보면 천륜을 어긴 극악무도한 사건이었지. 서인들은 이 사건을 빌미 삼아 광해군을 쫓아 내고 자신들의 입맛대로 정치를 요리해 갔어.

□ 새로 집권한 서인은 어떤 정책으로 나라를 이끌었나요?

인조반정으로 정권을 장악한 서인 세력은 광해군 때와는 정반대의 외교 정책을 펴나갔어. 서인들은 실리보다는 명분을 중시하던 사람들 이야. 광해군의 중립 외교 정책을 폐기 처분하고 명과는 친하게 지내고 후금은 멀리 배척하는 '친명 배금 정책'을 추진했지.

이러한 외교 정책은 당연히 후금의 반발을 샀어. 후금은 3만의 군대 를 동원하여 조선으로 쳐들어왔어^{정묘호란(1627)}.

힘도 없으면서 후금을 배척했던 조선은 대가를 호되게 치러야 했지. 후금의 침략에 변변히 싸워 보지도 못하고 당하기만 한 조선은 결국 후금에 굴복하여 그만 싸우자고 요청했어. 후금은 조선의 항복 요청을 받아들여 형제 관계를 맺고 되돌아갔지.

후금과의 전쟁이 끝났냐고? 그건 아니야. 날이 갈수록 힘이 강해져 가던 후금은 나라 이름을 '청'으로 바꾸고, 조선에 군신 관계를 요구해 왔어. 조선의 입장에서 지금까지 오랑캐라고 멸시해 왔던 여진족을 명나라와 똑같이 아버지 나라로 대접해 줄 수는 없는 일이었지. 조선 정부에서는 우리가 아직 힘이 없으니 청의 요구를 일단 들어주고 장기적으로 힘을 길러 청을 치자는 세력^{주화파}과 청의 요구는 죽어도 들어줄 수 없으니 차라리 전쟁을 하자는 세력^{주전파}으로 나뉘어 서로 논쟁을 벌였어. 결과는? 주전파의 목소리가 더 커서 청의 군신 관계 요구를 거절해 버렸어.

다시 청이 군대를 동원하여 쳐들어왔어^{병자호란(1636)}. 이번에도 전쟁은 청의 일방적인 공세로 전개되었어. 청군이 수도 한양으로 쳐들어오자, 다급해진 인조는 남한산성으로 들어가 45일을 버텼어. 허나 성안에 먹을 것이 떨어지고 물조차 구하기 어려워 더 이상 버티기가 힘들었어. 결국 인조는 주화론

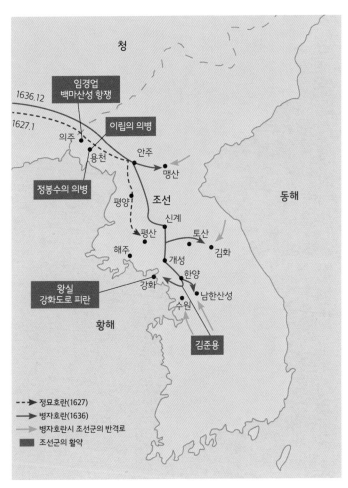

호란의 전개 과정

삼전도비(왼쪽) 현재 서울 송파구 삼전동에 있는 비. 인조는 이곳에서 청나라 왕에게 세 번 절하고 아홉 번 머리를 조아리는 '삼배구고두'의 치욕을 당했다.

남한산성(오른쪽) 경기도 광주시와 성남시 경계에 걸쳐 있는 산성. 병자호란이 일어나자 인조는 이곳으로 피신하여 버티다가 결국 삼전도의 굴욕을 겪게 된다.

자 최명길을 내세워 청나라에 강화를 요청했지. 청이 조선의 요구를 받아들여 강화가 성립되었지만, 인조는 삼전도에서 사상 유래가 없는 치욕을 당해야 했어.

인조 때 일어난 두 차례의 호란은 왜란에 비하여 전쟁 기간은 짧았어. 하지만 왜란의 후유증이 완전히 치유되기 전에 발생했기 때문에 백성들의 삶을 전에 비해 더 어렵게 만들었으며 실제 이익은 전혀 없는 무의미한 전쟁이었어.

□ 호란 이후에 서인은 생각을 바꾸었나요?

조선은 청에게 당한 치욕을 어떻게 씻을까 고민했어. 논의에 논의를 서쳐 청나라를 정벌하기 위하여 비밀리에 군사력을 강화하는 계획을 수립했어. 이 계획을 '북벌론'이라 하는데, 이러한 계획이 세워진 이유는 오랑캐라고 멸시했던 여진족에게 두 차례나 당한 적개심도 한몫했지만, 더 나아가서는 임진왜란 때 도와준 명나라의 은혜에 보답한다는 의미도 담겨 있었어. 또한 전쟁 패배의 책임이 컸던 서인 정권이 자신

들의 잘못을 인정하지 않은 채 본인들이 정당했음을 주장하려는 목적
도 있었어.

북벌 정책은 청에 인질로 잡혀갔던 봉림대군^{효종}이 귀국하여 왕위에
오르면서 한층 구체화되었어.

인조의 뒤를 이어 왕이 된 효종은 송시열, 이완과 같은 주전파 인물
을 등용하여 군대 양성에 힘을 기울이고 군사 시설을 대대적으로 정비
하여 청을 치려는 북벌 정책을 적극 추진했어. 성공했냐고? 아니야. 북
벌 정책은 실행되지 못했고, 서인 정권의 군사 기반만 강화시켜 주고
말았어.

한편, 북벌을 위하여 훈련시킨 군대는 청의 요청으로 만주 북부의
헤이룽 강 부근에 침입해 온 러시아 세력을 물리치는 싸움에 동원되어
우리나라 총수병의 뛰어난 실력을 대외에 알려 주었어^{1차 나선정벌(1654), 2차}
^{나선정벌(1658)}.

"열지자(裂之者)도 가(可)요, 습지자(拾之者)도 가(可)라"

'찢는 사람도 옳고, 줍는 사람도 옳다.'는 말이야. 어떤 일에 극단적인 의견이 발생하여 서로 대립하고 있을 때에 양쪽 모두 일리가 있다는 뜻에서 사용하는 말이지.

이 말이 나오게 된 배경에는 '호란'이 있어. 인조가 청군에게 포위되어 남한산성에서 옴짝달싹도 못하고 있을 때, 인조는 주화파인 최명길에게 항복 문서를 쓰게 했어. 이 소식을 전해들은 주전파의 거두 김상헌이 득달같이 달려 나와 최명길이 쓴 항복 문서를 찢으며 질타했어.

"지천최명길의 호, 자네 아버님께서는 선비들 사이에서 지조 있는 분이라고 추앙을 받았는데, 자넨 어찌 이 모양인가. 하늘에 계신 선친께서 통곡하실 것이네!"

그러자 최명길이 대답했어.

"대감께서는 찢으셨지만, 저는 도로 주워야겠습니다."

최명길은 김상헌이 찢은 문서를 주워 담고 재작성하여 청과 강화를 맺는 편지를 청나라에 보내 끝내 강화를 성립시켰어.

당시 조선 조정의 대세는 죽더라도 싸우자는 쪽이었기에 김상헌의 행위가 더 박수를 많이 받았지만, 최명길처럼 앞장서서 화친을 주장하는 사람이 없었다면, 전쟁은 몇 년을 더 끌었을지 몰라. 그리고 그 기간만큼 백성들은 피폐한 삶 속에서 주린 배를 움켜쥐며 살았을 거야.

명분과 실리는 동전의 양면과 같은 거야. 어느 한쪽이 일방적으로 옳을 수는 없는 거지. 때에 따라 명분이 필요하다면, 또 어느 시기에는 실리가 필요할 때도 있어. 정묘호란 당시에 김상헌 같은 사람도 필요했지만, 최명길 같은 사람도 분명 필요했지.

3 조선 후기에 불어닥친 변화

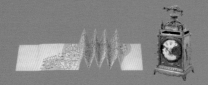

19

조선 후기로 접어들며
통치 체제는 어떻게 변했을까?

□ 통치 기구는 어떻게 변했나요?
□ 조세 제도는 어떻게 바뀌었나요?

□ 통치 기구는 어떻게 변했나요?

　왜란과 호란을 연거푸 겪으며 백성들의 삶은 이루 말할 수 없을 정도로 피폐해졌고, 왕실과 지배층에 대한 불만은 날이 갈수록 심해졌어. 이에 왕과 고위 관료들은 제도 개선을 통해 통치 질서를 바로잡으며 민생 또한 안정시키려 했어. 그래서 어떻게 제도를 개선했냐고? 비변사를 확대 운영하여 나랏일 전체를 담당하게 했고, 중앙군은 5군영, 지방군은 속오군 체제로 편성하여 무너진 국방력을 정비했어.

『**비변사등록**』 조선 시대에 비변사에서 처리한 사건을 등록하여 기록한 책이다.

　조선 후기 최고의 통치 기구는 비변사였어. 본래 이 기구는 북방의 여진과 남방 왜구의 침입을 효과적으로 대응하기 위해 16세기 초에 만든 임시 기구야. 그런데 이 기구가 왜란을 치르는 도중에 나랏일을 전반적으로 담당하는 정치 기구로 확대 개편되었어.

　왜 그랬냐고? 전쟁 기간이 길어지다 보니, 일반 행정보다 군사 일이 다른 무엇보다 중시되었기 때문이지. 아무튼 이때 이후로 비변사는 군사 문제는 물론이고 외교, 재정, 인사 문제 등 국가의 거의 모든 업무를 관장하는 최고의 통치 기구로 자리를 잡았어. 그 결과가 어찌되었냐고? 기존에 국정을 관장했던 의정부와 6조의 기능이 유명무실해졌지. 게다가 왕권 또한 약화되었어. '아니, 왕권은 왜?'라고 의문을 품을 이유는 없어. 왕이 결정을 주도해야 할 사안까지 비변사에서 다 처리해 버렸으니, 왕권 약화는 사필귀정이었지. 이런 이유 때문에 조선 후기 내내 비변사 개편을 여러 번 논의했어. 하지만 흥선 대원군이 왕권 강화를 외치며 집권한 이후에야 비변사 기능이 축소, 폐지되고 의정부가 다시 부활되어 국정 전반 업무를 담당했어.

중앙군은 5군영 체제를 편성하여 운영했어. 조선 정부는 임진왜란 초기에 왜군에게 처참히 깨지고 난 후 서둘러 군사 제도를 정비했어. 기존의 중앙군은 활로 무장한 사수와 칼이나 창으로 무장한 살수로 편성되어 있었어. 그런데 문제는 사수와 살수로 편성된 부대가 왜란을 치르며 왜군의 조총 부대 앞에 추풍낙엽이 되어 버렸다는 거야.

조선 정부는 서둘러 훈련도감을 만들어 사수, 살수와 함께 일본의 조총 부대를 맞상대할 수 있는 포수들을 양성했어. 이 부대에 소속된 군인들은 정부로부터 급료를 지급받는 직업 군인들로, 무술 실력이 우수한 자들로 편성되었지. 이후 북방에서 세력을 확장하고 있던 여진족과 대립하고 싸우는 과정에서 어영청, 총융청, 수어청이 차례로 설치되었고, 숙종 때 금위영까지 만들어지며 조선의 중앙군은 총 5개 부대로 편성되었어. 이를 5군영이라 해.

지방군 또한 왜란을 겪으면서 속오군이라는 새 체재로 편성되었어. 양반에서 노비까지 신분에 구애받지 않고 전 신분층을 대상으로 편성되었어. 속오군의 군인들은 평상시에는 생업에 종사하다가 적이 쳐들어오면 전쟁에 동원되었어. 따라서 속오군은 현재로 치면 전쟁이 발발하면 자기 지역의 방위에 나서는 향토예비군이라고 할 수 있어.

□ 조세 제도는 어떻게 바뀌었나요?

왜란과 호란으로 입은 피해를 복구하면서 조선 정부는 민생 안정 및 재정 확보를 위해 개간을 장려하고 토지 조사 사업을 추진하면서 조세 제도를 개편했어. 그 과정에서 새로 만들어진 제도들이 영정법, 대동법, 균역법이야.

영정법은 토지에 부과한 세금인 전세田稅를 개선하는 과정에서 제정되었어. 조선은 세종 때 이후, 연분 9등제에 의거하여 토지세를 1결당 최저 4두에서 최고 20두를 거두어들였어. 그런데 이 세제는 적용하는 규정의 복잡성으로 인하여 실제로는 매해 토지 1결당 쌀 4~6두를 받는 경우가 대다수였어. 여기에 더 심각한 문제는 양난을 거치면서 토지대장이 분실되어 4~6두를 걷던 토지세마저도 제대로 걷지 못해 국가 재정 압박이 이루 말할 수 없이 심각했어. 이에 정부는 풍년이든 흉년이든 관계없이 토지 1결당 쌀 4두씩을 매년 고정적으로 내도록 개선했는데, 이 제도를 '영정법'이라 했어.

실시 결과가 어떠했냐고? 농민들이 내는 세금은 줄어들었냐고? 그건 아니었어. 왜냐고? 영정법이 토지에 부과한 세금이라는 데 문제가 있었어. 무슨 뜬금없는 말이냐고? 생각해 봐. 토지세인 전세는 토지를 가진 사람이 내야 할 세금이야. 하지만 말이야, 16세기 이후로 조선 농촌은 지주·전호제●가 널리 실시되고 있었어. 따라서 조선 농민들은 대다수가 소작농이었고 자작농은 거의 없었어. 농촌 현실이 이러하다 보니, 영정법 실시로 혜택을 받은 농민은 매우 드물었지.

물론 땅부자인 양반 지주들은 혜택을 입었어. 이런 이유 때문에 이 제도는 농민에게 도움을 줄 요량으로 정부가 시행했다 하더라도, 본래 의도와는 다르게 농민에게 돌아간 혜택은 거의 전무했고 양반 지주들의 이익만 오히려 늘려 주었어.

지주·전호제 토지를 소유한 지주가 본인 소유의 토지를 농민에게 빌려주고 소출되는 생산량에 따라 분배하는 제도. 전호는 지주로부터 땅을 임대받아 경작하는 농민으로 '소작민'이라고도 한다.

공납 제도에서도 개선 방안이 나왔어. 공납은 관에서 부과한 토산물을 집^戸을 단위로 국가에 납부하는 세금 제도야. 그런데 이 제도 또한 16세기로 들어서며 문제가 발생했어. 무슨 문제냐고? 세금을 걷는 과정이나 서울로 운반하는 과정에서 다양한 비리가 발생하며 정부가 생각한 만큼 세금이 거두어들여지지 않았고, 농민들 또한 힘들게 했어. 방납[●]의 성행 속에 관청에 토산물을 납품하는 상인들과 결탁한 관리들의 부정부패로 인하여 백성의 등만 휠대로 휘어 버렸지. 이에 율곡 이이 같은 학자는 임진왜란 전에 이미 방납의 문제점을 파헤치며 토산물로 내는 세금을 쌀로 내게 하자고 주장했어^{대공수미법}.

토산물로 내는 세금과 쌀로 내는 세금에 무슨 차이가 있냐고? 토산물로 내는 공납은 각 집을 단위로 냈기에 잘사는 집이나 못 사는 집이나 동일한 액수의 세금을 내야 했어. 하지만 쌀로 내는 세금은 토지세이기에 토지를 많이 가진 사람은 많이, 적게 가진 사람은 적게, 토지가 없는 소작농들은 아예 내지 않아도 되었어. 이런 이유 때문에 이이는 집집마다 내는 호세인 공납을 토지세인 전세로 전환하여 농민의 부담을 최대한 줄여 주자고 주장했지. 만약 이렇게만 된다면, 농민들의 부담은 한결 덜어졌을 거야. 하지만 왜란 전에는 시행되지 못했어. 왜냐고? 토지를 많이 가진 양반들이나 부자들이 반발하며 거부했거든.

개선된 세제는 임진왜란 이후에야 등장했어. 광해군이 전후 복구 사업을 하면서 조정 대신들과 의논하여 대동법이란 이름으로 경기도에서 시범적으로 실시했어. 결과는? 농민들은 당연히 좋아했지. 하지만 양반 지주들의 반발은 무척 거셌어. 그래서 17세기 전반에 강원도까지 시행한 이후, 더 이상 확대시키지는 못했어.

그렇다고 해서 예전 제도로 다시 돌아갔느냐? 그건 아니야. 17세기 중반에 이 법이 백성을 구제하고 국가 재정을 확보하는 데 큰 도움이 된다고 판단한 김육의 강한 주장으로 충청도까지 확대 실시되었고, 17세

방납 토산물을 현물로 납부하는 공납 제도의 변질 속에서 유행했던 세금 납부 제도. 돈 많은 중간 상인들이 농민들이 낼 토산물을 한꺼번에 관청에 납부하고 사후 농민들에게 돈을 받는 제도. 막대한 이자를 붙여 받았기 때문에 이 제도로 인한 농민층의 피해는 자못 심각했다.

수세패 세금을 걷는 관리의 신분증이다.

김육(1570~1658)

기 후반 들어 전라도·경상도를 거쳐 18세기 초반 황해도까지 실시되며 드디어 전국에서 시행하는 세제로 완전히 정착했어. 이때 세금 액수는 토지 1결 당 12두였지. 따라서 대동법은 17세기 초반에 경기도에서 시행한 이후 전국으로 확대되기까지 무려 100여 년이 걸린 특이한 사연을 가진 세금 제도였어. 하나의 제도가 이렇게 장기간에 걸쳐 정착된 이유는 그만큼 양반 지주들의 반발이 컸고, 이를 회유하는 과정이 길었기 때문이야.

대동법 실시로 어떤 사람들이 이익을 보았을까? 농민들은 혜택을 많이 입었어. 대부분 소작농이다 보니 토지에 매기는 세금을 내지 않아도 되었지. 국가도 세금을 많이 걷어서 재정 수입이 크게 확대되는 이익을 본 측면이 있어. 하지만 넓은 토지를 가진 양반 지주들은 세금을 많이 내게 되어 전에 비해 손해가 막심했지.

군역법은 군역 제도의 개편이야. 군역은 16~60세의 양인 남자가 농한기에 직접 군사 훈련을 받고 전쟁과 같은 국가 비상시에 군사로 동원되는 것이 원칙이었어. 하지만 이 제도 또한 16세기에 무너져서 직접 군대에 가는 대신 군포●를 내는 제도로 변해 버렸어^{군적수포제}. 재산이 많은 사람들이야 군포만 내면 군대를 가지 않으니 좋았어. 하지만 찢어지게 가난했던 소작민들은 군포 마련 자체가 힘에 겨웠어. 군역 의무가 있는 양인 장정은 의무적으로 1년에 군포 2필씩을 국가에 납부해야 했는데, 이걸 납부할 수 없는 농민들이 상당했지. 이 때문에 정부는 양인 장정이 1년에 2필씩 납부하던 군포를 1필로 축소했어. 이 제도를 역을 균등하게 했다는 의미에서 균역법이라 했지.

아니, 2필을 1필로 줄여 버리면 국가 재정에 문제는 없었냐고? 물론 재정이 부족해질 가능성이 있었지. 그래서 정부는 부족한 재정을 해결

군포 군역 대신에 국가에 세금으로 납부하는 옷감.

하기 위하여 일부 양반에게 선무군관포라고 해서 군포 1필씩을 내게 했고, 양반 지주들에게 토지 1결당 쌀 2두씩을 결작세로 거두어들였어. 또한 균역법을 담당했던 균역청에서 어장세, 선박세, 소금세를 일괄적으로 걷게 하여 부족한 재원을 보충하도록 했어.

자, 이제 정리해 보자. 15세기에 만들어진 조세 제도는 16세기로 접어들며 하나둘씩 폐단이 나타나기 시작했어. 특히 그 폐단은 양난 이후로 한층 심해졌는데, 이를 해결하기 위하여 정부는 조세 제도 개선에 적극 나서기 시작했어. 그래서 나온 제도들이 영정법, 대동법, 균역법이었어.

마지막으로 질문 하나!

과연 새 제도들을 시행한 후에 조선 사회는 안정되었을까? 백성들의 삶은 전에 비해 좋아졌을까? 그랬을 것 같다고? 분명 대동법과 균역법 시행 초기에는 백성들에게 큰 도움이 되었어. 하지만 말이야, 시간이 흐르면 흐를수록 지배층의 수탈이 다시 고개를 들며 백성들의 삶을 피폐하게 만들었어. 특히 19세기 세도정치기에 접어들어 지배층의 약탈이 한층 더 심해졌고, 삼정의 문란 속에 백성들의 삶의 질이 크게 저하되며 사회 전체가 혼란 속으로 빠져들어 버렸어.

대동법 실시가 가져온 변화

대동법의 시행은 조선 후기 상공업 발달과 도시 발달에 크게 기여했어. 왜냐고? 이제 국가는 필요로 하는 토산물들을 직접 사들여야 했고, 그 과정에서 국가를 상대로 장사를 하는 상인^{공인}들이 등장했어. 이들은 대자본을 형성하여 도매상인인 도고로 성장하며 조선 후기 상공업 발달을 이끌어 가기도 했고, 한편, 대동법이 실시되면서 장시가 발달했어. 장시의 발달은 화폐 유통을 촉진시켰으며, 강경^{금강 하류}·원산^{강원}·삼랑진^{낙동강 하류}처럼 교통이 편리한 곳을 상업 도시로 성장시키기도 했어.

단, 놓쳐서는 안 될 것 두 가지! 첫째, 대동법 체제하에서 토산물 대신 쌀로만 세금 납부를 한 것은 아니었어. 쌀 외에 면포나 동전으로도 낼 수 있었어. 둘째, 평안도와 함경도는 지역에서 거둔 쌀을 한양으로 보내지 않고 그 지역에서 모두 사용했어. 이런 지역을 잉류 지역이라고 하는데, 한양으로 조세미를 운반하지 않고, 현지에서 군사비나 사신 접대비 등으로 썼어.

평안도는 중국으로 가는 길목에 위치하고 있어서 사절단이 중국을 오고갈 때 들어가는 경비로 활용하기 위해서였고, 함경도는 국경 지방이라 군사비로 활용하기 위해서였지.

대동세의 징수와 운송

20 붕당 정치는
어떻게 전개되었을까?

☐ 붕당 정치가 무엇인가요?

붕당 정치의 '붕당'을 한자로 쓰면 '朋친구 붕, 黨무리 당'으로, 붕당은 '서로 뜻이 비슷한 사람끼리 뭉친 당'을 의미해. 그리고 붕당 정치란 '이해관계가 비슷한 사람들끼리 당을 만들어 상대 당과 조화를 이루면서 나라의 발전과 백성들의 생활 안정을 위하여 노력하는 정치'를 말해.

그런데 우리는 왜 '붕당 정치' 하면, '나라를 어지럽힌 나쁜 정치'를 먼저 떠올리게 될까? 왜 그럴까? 그것은 붕당 정치가 제대로 운영되었던 초기의 모습보다 심하게 왜곡되었던 후기의 모습만을 떠올리기 때문이야. 붕당 정치가 조선 후기로 갈수록 자기 당의 이익만을 위한 진흙탕 싸움이 된 것은 분명한 사실이야. 그러나 초기부터 그랬던 것은 아니야. 붕당 정치 초기에는 각 당들이 서로 합리적인 정책을 내놓고 바른 정치를 하려고 노력했으므로, 붕당의 결성은 정치를 활성화시키는 데 큰 도움이 되었어.

☐ 붕당 정치는 어떻게 전개되었나요?

붕당 정치가 시작된 것은 16세기 말, 선조 때였어. 이조 전랑 자리를 두고 심의겸과 김효원이 갈등을 벌이면서 시작되었지. 심의겸을 지지한 사람들은 서인을, 김효원을 지지한 사람들은 동인을 형성했어. 그리고 동인은 조금 있다가 남인과 북인으로 다시 갈라졌어.

배신자는 필요 없쓰~

광해군

서인

선조의 뒤를 이어 임금이 된 광해군 때는 임진왜란 과정에서 의병 활동에 적극적이었던 북인이 정치의 주도권을 잡고 광해군을 도와 전후 복구 사업과 중립 외교를 추진하며 민생 안정에 노력했어. 그러나 명분과 의리를 중시했던 서인에게 광해군의 중립 외교 정책과 폐모살제 사건은 하늘의 뜻을 어기는 배신 행위였어. 그래서 인조반정¹⁶²³을 일으켜 광해군을 쫓아내 버렸어. 이후 조선의 붕당 정치에서 북인은 사라지고, 정치는 서인이 주도하고 남인이 야당 세력으로 서인을 견제하는 형태로 진행되었어.

□ 붕당 정치는 어떻게 변질되었나요?

서인과 남인의 경쟁이 날로 치열해지더니, 급기야는 나라와 백성들을 위하기보다는 자기 당의 이익을 위하여 서로 싸우는 형태로 변질되어 갔어. 붕당 정치의 이러한 변화 과정을 잘 보여 주는 것이 현종 때 나타난 두 차례의 '예송●' 논쟁과 숙종 때 여러 차례 발생한 '환국●'이야.

예송 논쟁은 크게 두 차례 있었어. 첫 번째 예송¹⁶⁵⁹은 효종이 죽었을 때 발생했어. 효종이 죽었는데, 효종의 계모인 자의대비 조씨가 살아 있어서 조대비가 상복을 몇 년 동안 입을 것인가를 놓고, 서인과 남인 간에 치열한 논쟁이 벌어진 거지. 이 논쟁에서 서인은 조대비가 1년 동안 상복을 입어야 한다고 주장했고, 남인은 3년 동안 상복을 입어야 한

예송 왕이 죽은 이후에 주변 사람들이 얼마 동안 상복을 입어야 하는가를 두고 서인과 남인이 치열하게 싸운 논쟁. 예절 문제로 발생했기 때문에 '예절 예(禮)'에 '다툴 송(訟)'자를 써서 예송 논쟁이라고 한다.

환국 집권 세력이 어떠한 사건을 계기로 급격히 교체되는 상황.

다고 주장했어. 그러나 이때는 서인의 주장이 통해서 서인이 계속 정치를 주도해 나갔지.

두 번째 예송[1674]은 효종의 부인인 인선왕후가 죽으면서 일어났어. 인선왕후가 죽었을 때, 효종의 어머니 조대비는 아직 살아 있었지. 조정에서는 다시 한번 조대비가 얼마 동안 상복을 입을 것인가를 놓고 양당이 서로 대립했어. 이때 서인은 9개월을, 남인은 1년을 주장했어. 결과는? 이 논쟁 때는 현종이 전격적으로 남인의 손을 들어주었어. 따라서 정치의 주도권은 자연스럽게 남인 쪽으로 옮겨 오게 되었지. 인조반정 이후로 야당이었던 남인이 드디어 서인보다 우위에 서서 중앙 정치를 이끌어 가는 여당 세력이 된 거지.

그런데 의문이 하나 있어. 도대체 상복을 입는 기간이 어떤 명분을 가지고 있기에 서인과 남인은 서로를 질시하며 다투었을까? 지금 우리의 눈으로 보면 이 문제는 아무것도 아닌데 말이야.

성리학이 지배하고 있던 당시 사람들에게 예의와 관련된 '예법禮法'은 우리가 현재 반드시 지켜야 하는 법률만큼이나 중요한 것이었어. 그래서 칼만 안 들었지, 서로를 잡아먹지 못해 안달 난 사람처럼 그렇게 싸웠던 거야. 좀 이해가 돼? 안 된다고? 그럼 조금 깊게 예송 논쟁을 설명해 볼게.

조선의 기본 법전인『경국대전』과 국가의 예법을 정리해 놓은 책인『국조오례의』에 따르면 맏아들이 죽었을 경우에 부모가 살아 있으면 그 부모는 상복을 3년 동안 입어야 했어. 둘째 아들 이하가 죽었을 경우에는 1년 동안 입게 규정되어 있고. 며느리의 경우는 맏며느리가 죽었을 때는 1년 동안, 둘째 며느리 이하가 죽었을 때는 9개월 동안 상복을 입게 되어 있어.

현종 때의 '예송'은 바로 이 규정 때문에 생긴 거야. 효종이 맏아들이었다면 아무 문제가 없었을 텐데, 안타깝게도 효종은 인조의 둘째 아들로 왕위를 계승했어.

성리학적 명분을 지극히 중시했던 서인의 입장에서 효종은 비록 왕이라 하더라도 둘째 아들일 뿐이었어. 따라서 둘째 아들에 준하여 상복을 입는 것은 당연한 일이었어. 반면에 남인의 생각은 달랐어. 서인의 주장은 일반 사대부 집안에 적용되는 원칙일 뿐, 천상천하 지존무상인 왕에게 적용한다는 것은 있을 수 없는 일이었어. 비록 효종이 둘째 아들이지만, 왕통을 이은 고귀한 신분이기 때문에 맏아들의 대우를 해야 한다고 생각했지.

아무튼 두 번에 걸친 예송 논쟁의 결과, 정치의 주도권은 남인에게로 넘어갔어. 현종 다음 임금인 숙종 초기까지는 남인이 여당이 되어 정치를 주도했고, 서인은 야당으로 남인의 비판 세력으로 존재했지. 그런데 다시 서인에게 정치를 주도할 기회가 찾아왔어. 숙종은 남인의 세력 확대로 자신의 권위가 약화되는 것에 은근히 불만을 가지고 있었는데, 남인들은 왕의 속도 모르고 자기들의 위세를 마음껏 부렸어. 이에 숙종은 전격적으로 정치의 주도권을 서인에게 넘겨주었지. 이를 경신환국이라고 해[1680].

숙종 때는 여러 번의 환국을 거치며 정치의 주도권이 남인에서 서인으로, 서인에서 남인으로, 다시 남인에서 서인으로 바뀌었어. 그리고 이 과정에서 서인은 노론과 소론으로 분열되었어. 이제 조선의 정국은 크게 서인의 독주 속에서 남인은 간신히 명맥만을 유지해 갔고, 서인 세력이 노론, 소론으로, 또 노론이 시파, 벽파 등으로 나뉘어져 치열하게 대립하면서 서로 자기 당의 이익만을 추구해 가는 폐단을 드러냈어.

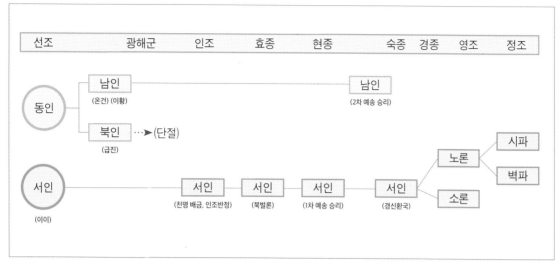

붕당 정치의 계보도

□ 붕당 정치의 장점과 단점은요?

붕당 정치는 분명 장점이 많은 정치 형태야. 어느 한 당이 정치를 독점하여 생길 수 있는 폐해를 경쟁을 통해 최소화할 수 있으며, 나라를 직접 이끌어 가는 관리들 이외에도 관직에 진출하지 못한 선비들이 '공론*'이란 이름으로 정치에 참여하여 자신들의 주장을 정치에 반영할 수가 있었어. 또 이를 통하여 왕의 독재를 적절히 견제할 수도 있고 말이야.

그러나 문제는 시일이 흐를수록 장점보다는 단점이 두드러지게 나타났다는 점이야. 합리적인 주장과 백성들에게 도움이 되는 정치를 하기보다는 자기 당의 이익을 최우선으로 생각하고 권력을 지속하기 위하여 상대 당 사람들을 죽음의 길로 몰아넣는 등 폐단이 너무 심했어. 이러한 현상은 특히 숙종 시기의 환국 정치 이후 더 뚜렷하게 나타났어. 환국이 한번 발생하면 무수히 많은 사람들이 추풍낙엽처럼 떨어져 나갔고, 그러면서 조선의 정치는 점차 활기를 잃어 갔지.

공론 公論. 직접 정치에 참여하지 않는 선비들 사이에 떠도는 의견으로 오늘날의 '국민 여론'에 해당한다.

숙종 때의 환국 정치

흔히 숙종 때를 일컬어 환국 정치기라고 표현해. 그도 그럴 것이 숙종의 재위 기간에만 3번의 환국이 있었거든. 그런데 재미있는 것은 환국으로 정권이 바뀔 때마다 숙종의 왕권은 더 강해졌다는 거야. 이것은 숙종이 환국을 통하여 자신의 왕권을 공고히 했다는 것을 역설적으로 설명해 주고 있어.

숙종이 임금 자리에 오를 때의 집권 세력이었던 남인은 힘이 너무 강했어. 왕은 남인의 힘을 약화시킬 생각을 가지고 있었는데, 때마침 남인인 영의정 허적이 집에서 큰 잔치를 하면서 왕의 허락도 받지 않고 궁궐에서 쓰는 천막을 가져갔으며, 궁궐의 악공들도 사사로이 잔치에 동원했어. 이 사건을 기회로 삼아 숙종은 남인들을 쫓아내고 서인들을 적극 등용했어^{경신환국(1680)}.

두 번째 환국은 1689년에 일어났어^{기사환국}. 숙종은 정비인 민씨가 아기를 낳지 못하자, 후궁인 숙원 장씨를 총애하여 그 사이에서 왕자를 낳았어. 숙종은 이 아이를 후계자로 책봉하고 장씨를 희빈으로 삼으려 했어. 그런데 집권 세력이던 서인이 숙종의 뜻에 반대했어. 숙종은 반대하는 서인의 독주를 견제하기 위하여 본인의 뜻을 지지하던 남인을 등용하는 한편, 숙원 장씨가 낳은 아들을 세자로 정하고 끝내 장씨를 희빈으로 봉했어. 서인의 지지를 받던 민비는 이때 폐비가 되어 자기 집으로 쫓겨 가야 했지.

허나 남인 정권도 오래가지 못했어. 1694년 다시 한번 환국이 발생했어. 숙종은 희빈이 너무 방자하게 굴자, 민비를 쫓아낸 것을 후회하고 있었어. 그런데 때마침 서인 중일부가 폐비 민씨 복위 운동을 비밀리에 전개하고 있었고, 이것을 눈치챈 남인은 이를 빌미 삼아 민씨 복위 운동에 관여한 서인을 몰아내려 했어. 그러나 실제 사건 전개는 남인의 생각대로 되지 않았어. 숙종은 오히려 남인 세력을 쫓아내고 서인을 다시 등용했어. 그리고 기사환국으로 왕비가 된 장씨를 다시 희빈으로 강등시키고 민씨^{인현왕후}를 복위시켰어^{갑술환국}. 이 환국 이후 서인은 다시 집권 세력이 되었으며, 남인은 중앙 정계에서 멀어져 간신히 명맥만 유지해 나갔어.

21

영조와 정조가 탕평책을 실시한 까닭은?

□ 탕평책이란 무엇인가요? □ 영조의 탕평책은 어떠했나요?
□ 정조의 탕평책은 어떠했나요?

□ 탕평책이란 무엇인가요?

영조가 탕평책을 의논하는 자리에 처음으로 올린 음식이 있어. 무엇일까?

탕평채? 그래 맞아.

탕평채는 청포묵에 미나리·계란 지단·김 등을 얹어 버무린 음식이지. 왜 이런 음식을 회의 자리에 올렸느냐고? 여러 색깔의 재료가 섞여 맛난 음식이 되는 것처럼, 여러 당파가 조화를 이루어 정치를 안정시키자는 의미에서 이 음식을 회의 자리에서 먹었다고 해.

그런데, 탕평책이란 무엇일까? 탕평은 중국의 고전인 『서경』에 나오는 말로 "어느 쪽에도 치우침이 없이 공평한 상태에 이른다."는 뜻이야. 영조는 여러 당파 사람들을 고르게 등용하여 정치를 안정시키기 위해 탕평책을 추진했어. 붕당 사이의 정치적 대립이 심각해지고 정치 기강이 문란해지면서 왕권이 약화되자, 임금이 정치 안정과 왕권 강화를 위하여 추진한 정책이지.

탕평책이 처음 등장한 것은 숙종 시대였어. 숙종 때는 경신환국, 기사환국, 갑술환국이 연이어

여러 재료가
어우러지니 정말
맛있구나~

나타나면서 그때마다 서인 또는 남인 정권이 독단적으로 정치를 주도했지. 특히 갑술환국 이후에는 서인이 정치를 독점하면서 노론과 소론으로 나뉘어 서로 대립했어.

이에 숙종은 한층 격렬해지는 각 당의 정치적 대립을 조정하기 위하여 처음으로 탕평책을 제기했어. 그러나 숙종의 탕평책은 숙종 자신이 한 당에게 정치를 맡기면 다른 당 사람들을 전부 내쫓는 일을 반복하여 제대로 실현될 수 없었지.

□ 영조의 탕평책은 어떠했나요?

숙종의 뒤를 이은 경종이 보위에 오른 지 4년 만에 죽고, 그의 이복 동생인 영조가 왕이 되었어. 영조는 왕위에 오르기 전부터 붕당 정치의 폐해를 직접 경험한 임금이었어. 따라서 왕이 되자마자 붕당을 만드는 자는 영원히 정치에 참여시키지 않겠다는 강한 의지를 밝히고, 집권당인 노론 중에서 강경파를 쫓아내고 소외되어 있던 소론과 남인의 온건파를 적극적으로 등용했어. 이로써 여러 당파가 함께 정치를 해 가는 탕평책이 그 의도에 맞게 펼쳐졌어.

탕평비 영조가 탕평책을 수립하고 성균관 입구에 세운 비.

그러나 영조의 탕평책도 완전하지는 못했어. 특히 영조 38년1762에 벌어진 사도세자의 죽음을 계기로 정국은 완전히 노론이 장악하고 말았어. 영조의 아들인 사도세자는 엄한 성격의 아버지에게 자주 반항했어. 이에 화가 치밀었던 영조는 급기야 세자를 뒤주 속에 가두어 죽여 버렸어. 이 사건은 영조의 명에 의해 이루어졌지만, 사도세자가 죽음에 이르게 된 데에는 노론 또한 큰 역할을 했어.

사도세자는 평소에 노론의 횡포를 공공연하게 비난했는데, 노론은 사도세자가 왕이 된 이후의 자신들의 위치가 걱정되었지. 그래서 틈만 나면 사도세자의 잘못된 점을 영조에게 고해 바쳤어. 어쨌든 이 사건으로 조정은 사도세자의 죽음을 동정하는 시파와 사도세자의 죽음을 당연시하는 벽파로 갈라졌어. 노론의 대부분은 벽파에 속했고, 소론과 남인은 시파에 속했어.

사도세자 사후 조선의 조정은 영조가 죽을 때까지 노론 벽파가 주도했어. 따라서 영조의 탕평책도 탕평의 본래 의도를 제대로 살렸다고 말할 수는 없어. 다만 영조는 탕평책을 시도하면서 왕권을 강화했고, 강화된 왕권을 바탕으로 민생 안정과 산업 진흥을 위한 여러 가지 개혁을 단행할 수는 있었어. 군역의 폐단을 시정하기 위하여 균역법을 만들었고 지나친 형벌이나 악형을 금지하였으며, 신문고를 부활하여 백성들이 억울한 일을 당하지 않게 하려고 노력했지. 또한 『속대전』, 『속오례의』, 『동국문헌비고』 등을 편찬하여 문물과 제도도 정비했어.

□ 정조의 탕평책은 어떠했나요?

영조의 탕평책은 다음 임금인 정조에 의해 계승되어 붕당 정치의 폐해를 극복하는 데 도움을 주었어. 정조는 사도세자의 아들로 아버지의 죽음에 원한이 많았으나, 나라를 안정적으로 운영하기 위하여 아버지를 죽이는 데 관여했던 노론들을 쫓아내지 않고 정치의 동반자로 인정했어. 그러면서 사도세자의 죽음을 동정했던 남인과 소론 세력을 적극적으로 포용하여, 이들이 오랜만에 정치의 전면에 나서서 노론과 함께 나랏일을 이끌어 가게 했어. 따라서 정조 때는 각 당의 인재가 고르게 등용되었으며, 붕당 간의 싸움도 어느 정도 완화되었지.

정조 시대는 한마디로 말해서 '조선의 르네상스기'였어. 우선 정조는 왕립 도서관인 규장각을 만들어 젊은 학자들이 이곳에서 학문을 연마해서 문예 부흥과 개혁 정치의 중심에 서게 했어. 또한 그는 자신의 금난전권 조선 후기에 난전(亂廛)을 규제할 수 있도록 나라로부터 부여받은 시전(市廛)의 특권. 시전은 국가에서 인정받은 상인들이 물건을 파는 시장이었고 난전은 국가의 규제를 피해 암암리에 선 시장을 말한다.

힘을 강화하기 위해 친위 부대인 장용영을 설치하여 왕권을 강화했어. 경제적으로는 농업과 상공업을 발전시키고, 금난전권●을 폐지하였어. 문화적으로는 『대전통편』, 『동문휘고』, 『탁지지』, 『규장전운』 등 수많은 책을 편찬하였으며, 사회적으로는 서얼과 노비에 대한 차별을 줄이는 등 사회 전반에 걸쳐 제도 개선에 노력했어.

그러나 정조의 개혁은 그가 죽으면서 수포로 돌아가고 말았어. 정조가 죽고 나이 어린 순조가 즉위[1800]하자, 권력은 다시 노론 벽파에게 넘어갔지. 특히 노론 중에서도 왕실의 외척들 손에 좌우되면서 사회는 다시 혼란에 빠져 버렸어.

규장각도 숙종 때 처음 규장각을 세우고, 임금의 글과 글씨를 보관하였다. 정조가 국왕 직속 기구로 확대 개편한 이후 조선 후기 문예 부흥의 중심지로 기능했다. 규장각은 2층 건물로, 창덕궁의 후원에 있었으며, 1층을 규장각, 2층을 주합루라 불렀다.

영조의 어머니는 천민이었다

52년 동안 왕위에 있었던 영조의 혈통은 조금 남달랐어. 그의 어머니는 궁궐 안에서 우물물을 길어 나르던 무수리 최씨였어. 그녀는 임금인 숙종의 눈에 들어 아들을 낳았는데 그가 바로 영조였어.

숙빈 최씨가 무수리였던 시절의 이야기야.

숙종이 밤늦은 시각에 궁궐 뜰을 거닐다가, 불이 켜져 있는 방을 발견하였어. 숙종은 의아하게 생각하고 방문을 열었어. 방에는 한 여인이 상을 차려놓고 절을 하고 있었지.

"야밤에 무슨 일이냐?" 하고 숙종이 물었어.

여인은 부들부들 떨며 "오늘이 폐비가 되신 중전마마의 생신이라 간단히 상을 차려놓고 절을 하고 있습니다." 하고 아뢰었어.

그 말을 듣고 숙종은 가슴이 찡했어. 그렇지 않아도 장희빈의 방자함 때문에 인현왕후를 폐비시킨 것을 후회하고 있던 숙종이었거든. 숙종은 무수리 최씨의 마음씨에 감동을 받아 하루저녁을 그곳에서 보냈고 이후 간혹 최씨의 방을 찾았어. 결국 최씨는 임신을 했고 숙종의 아이를 낳았는데, 그가 바로 연잉군으로 나중에 조선의 21대 임금이 된 영조였어.

연잉군(영조, 1694~1776) 초상

22

사회 경제 분야에서 나타난 여러 가지 변화들은?

☐ 농촌의 사정은 어떠했나요?
☐ 상공업은 어떻게 발달했나요? ☐ 사회 구조는 어떻게 변화되었나요?

☐ 농촌의 사정은 어떠했나요?

왜란과 호란을 겪으며 조선의 농촌은 더 이상 말이 필요 없을 정도로 피폐해졌어. 이에 정부는 개간을 장려했어. 토지를 넓혀 수확량을 늘리기 위한 고육지책[•]이었지.

개간 사업에 적극적으로 뛰어든 계층은 왕실과 양반 지주들이었어. 자본력이 있다 보니, 정부의 권장에 얼씨구나 하고 호응할 수 있었던 거지. 그럼 농민들은 하늘만 쳐다보며 신세 한탄을 했냐고? 그건 아니야. 농민들 또한 굶주림을 면하기 위해 새로운 농업 기술을 받아들이며 생산력 증대에 팔을 걷어붙였어.

조선 후기에 보급된 농업 기술로는 모내기법과 이모작, 밭농사에서 이랑과 고랑을 만들어 고랑에 씨를 뿌리는 농사 방법인 견종법의 등장이 있어. 모내기법은 조선 전기에 이미 일부 남부 지방에서 실시되며 농업 생산력 증대에 도움을 주었어. 허나 정부에서는 이 농법이 확대되는 것을 주저하며 법으로 금지하기까지 했어. 왜 그랬냐고? 모내기철에 가뭄이 들어 버리면 모를 옮겨 심을 수 없어서 한 해 농사를 완전히 망쳐 버릴 우려가 있었거든. 이러한 이유 때문에 조선 정부는 소출은 떨어지더라도 모내기법에 비해 안전한 직파[•] 농사를 장려했어. 하지만

고육지책 제 몸을 상해 가면서까지 꾸며내는 방책이라는 뜻으로, 어려운 상태에서 벗어나기 위한 수단으로 어쩔 수 없이 하는 계책을 이르는 말.

직파 直播 논에 볍씨를 직접 뿌려 농사를 짓는 농법.

말이야, 직파에 비해 모내기법은 노동력이 크게 절감되었고 수확량 또한 2배 이상 증가했어. 현실이 이러했기에 조선 후기에 농민들은 정부 규제에도 불구하고 모내기법을 전국적으로 확대 보급시키며 스스로 농업 생산력 증대에 나섰어.

모내기법은 또 다른 농업 기술 진보도 가져왔어. 벼와 보리를 번갈아 심는 이모작을 가능하게 했어. 직파법으로는 4월에서 6월의 기간이 중복되므로 같은 논에서

〈**누숙 경직도**〉 조선 후기 모내기하는 모습을 그린 그림이다.

벼와 보리를 연이어 재배할 수 없었어. 하지만 모내기법은 4월 경에 보리가 익어 가는 논 한쪽에 모판을 만들어 6월 초순까지 모를 키우다가 보리 수확이 끝난 후에 본격적으로 논에 옮겨 심었고 10월에 추수하였으므로 동일한 논에 벼와 보리를 연이어 재배할 수 있었어. 따라서 이모작은 수확량의 증가를 가져와 농민 소득 증대에 기여하였지. 여기에 조선 후기에는 농민 1인당의 경지 면적이 확대되어 농민 개개인이 넓은 토지를 경작하는 '광작'도 나타났어.

한편 상업 발달 속에 도시가 성장하며 도시에 인접한 농촌 지역 농민들은 시장에 내다 팔기 위해 채소, 담배, 면화, 인삼과 같은 상품 작물을 적극적으로 재배하여 농가 소득을 향상시켰어.

여기서 질문 하나! 광작과 상품 작물의 재배가 가져온 결과는? 일부 농민들은 돈을 많이 벌어 부농으로 성장했어. 하지만, 자기 땅이 없던 대다수의 농민은 농사지을 소작지●를 얻기가 힘들어지며, 호구지책●으로 머슴이 되거나 도시로 떠나 품삯을 받고 일하는 임노동자로 전락해야 했어. 즉, 광작 현상은 일부 농민들에게는 부를 가져다줬지만, 다수의 농민들에게는 토지를 떠나야 하는 아픔을 가져다주었어.

소작지 지주의 땅을 빌려 농사짓는 토지.

호구지책 가난한 살림에서 그저 겨우 먹고살아 가는 방책을 이르는 말.

□ 상공업은 어떻게 발달했나요?

조선 후기에는 농업 생산력이 높아지며 전국적으로 장시가 확산되었어. 18세기 중엽에 5일장이 서는 지역이 1천여 개가 될 정도로 번성했고, 더불어 도시 인구도 늘어나며 상공업 발달이 촉진되었어. 여기에 대동법의 실시로 공인이 상공업 발달의 촉매제 역할을 하기도 했어.

장에서 물건을 팔며 장시 활성화에 기여한 상인들은 각 장을 돌아다니면서 물건을 파는 보부상이었어. 보부상이 뭐냐고? 국가에서 허가한 행상이야. 보褓가 '포대기'를 뜻하고, 부負는 '등에 지다'를 의미해. 따라서 보부상은 봇짐이나 등짐을 지고 오늘은 이 장터 내일은 저 장터로 떠돌며 물건을 파는 상인들을 말하지.

한편 조선 후기에는 국가 허락 없이 상업 활동을 하는 상인들도 나타났어. '사상'이라고 했지. 이들은 국가의 규제가 허술한 틈을 타서 상행위에 나섰는데, 정조 임금 시절에 시전 상인에게 주었던 특권인 금난전권이 폐지되면서 시전 상인들과 경쟁하며 자유롭게 상업 활동을 할 수 있었어. 경강상인˙, 송상˙, 만상˙, 내상˙ 등이 대규모 자본을 가지고 활동했던 대표적인 사상들이야.

상업의 활성화와 더불어 화폐 또한 널리 사용되었어. 조선 후기 화폐는 상평통보가 단일종으로 쓰였는데, 물건의 거래는 물론이려니와 품삯, 세금, 지대까지도 이 화폐로 계산하는 일이 잦았어. 또한 수공업도 활성화되었으며, 광물 수요가 늘어나며 광산도 많이 개발되었어.

경강상인 서울을 흐르는 강인 한강을 주축으로 서해안, 남해안을 오고가며 상업 활동을 했던 상인 집단.

송상 개성 상인. 인삼을 주로 유통하며 청나라와 무역을 주도했다.

만상 의주 상인. 청나라와 무역을 주도했다.

내상 동래 상인. 일본과의 무역을 주도했다.

□ 사회 구조는 어떻게 변화되었나요?

조선 후기에는 양반 중심의 신분 질서가 크게 흔들렸어. 권력을 장악한 소수 양반의 특권은 확대 강화된 반면에 붕당 정치의 와중에서 권력 싸움에서 밀려난 양반들은 지방에서 겨우 신분을 유지하거나 농민과 비슷한 처지로 전락해 버렸어.

재산을 모아 부농이 된 중인과 상민 중에서는 공명첩을 사서 양반 신분을 얻거나 호적이나 족보를 위조하여 가짜 양반 행세를 하는 사람들도 다수 나타났어.

공명첩 조선 정부가 부족한 재정을 충당하기 위하여 돈이나 곡물 등을 받고 관직을 팔기 위해 발행했던 관직 임명장. 관리 이름은 쓰지 않고 정부에서 공식 도장을 찍어 발행했기에 이름이 없는 임명장이라 해서 '空(빌 공) 名(이름 명)첩'이라 했다.

조선 후기에는 노비 제도도 무너져 갔는데, 도망가는 노비가 많아지고, 양인이 된 노비도 생겼기 때문이야. 또한 정부는 전쟁에 공을 세우거나 곡식을 바치는 노비를 양인으로 만들어 주었어. 그리고 순조 때는 공노비를 양인으로 해방시켜 주는 정책을 펴기도 했어.

이처럼 조선 후기 사회는 신분제의 동요가 매우 심했던 시기였어. 하지만 양반의 수가 늘어나다 보니, 국가 재정이 고갈되었어. 왜냐고? 양반은 세금을 내지 않는 경우가 일반적이었거든. 돈 많은 중인이나 상민들이 양반 신분을 굳이 사려했던 이유가 각종 세금의 부담에서 벗어나기 위해서였으니, 더 이상 말해 뭐하겠어. 애고애고 죽어나는 것은 불쌍한 농민들뿐이었지.

노블레스 오블리주를 실천했던 무역상 임상옥

'노블레스 오블리주noblesse oblige'라고 들어 봤니? 처음 듣는 말이라고? 프랑스어로 '고귀한 신분'을 의미하는 노블레스와 '책임이 있다'라는 뜻을 가진 오블리주가 결합된 말로 '사회 고위층 사람들이 몸에 지녀야 할 도덕적 의무'를 말해. 우리 역사 속에서 노블레스 오블리주를 실천한 사람들을 찾아보면 가깝게는 의사 장기려나 경제인 유일한이 있으며, 조선 후기 부자 상인인 임상옥도 여기에 해당된다고 할 수 있어.

조선 정조와 순조 임금 시대를 살았던 임상옥은 등짐 장수였던 아버지의 뒤를 이어 어려서부터 보따리를 짊어지고 다니며 장사를 했던 장돌뱅이였어. 살던 곳이 청나라와 머리를 맞댄 국경선 지방 의주였기에, 그는 중국말을 익혀 청나라 땅을 오고가며 인삼 무역업에 종사했어. 지금도 인삼하면 우리나라 인삼을 세계 제일로 손꼽지만, 조선 후기 때도 인삼하면 고려 인삼이 최고였어.

임상옥은 젊어서부터 정직과 부지런함을 밑바탕으로 신뢰를 얻어 점차 청나라 상인들도 함부로 넘보지 못할 대형 무역상으로 자리 잡아 갔어. 헌데, 이런 그에게도 파산을 떠올릴 정도의 절체절명 순간이 한 번은 있었어.

임상옥이 상단의 우두머리가 되어 인삼을 가득 싣고 청나라 수도 연경중국 베이징에 갔어. 고려 인삼이 최고라고 알려지다 보니, 가격이 워낙 고가여서 청나라 상인들은 내심 불만이 많았어. 그들은 고려 인삼 장수들이 대거 몰려온다는 소식을 전해 듣고 사전에 작당을 하여 고려 인삼 불매운동을 벌였어. 가격을 대폭 낮춰 보려는 수작이었지. 귀국날이 곧 다가옴에도 불구하고 청나라 상인 어느 누구도 인삼에 대해 가타부타 흥정을 하지 않았어. 조선 상인들 내부에서는 난리가 났어.

아마 이런 일이 발생하면 대부분의 사람들은 좌불안석이 되어 가격을 대폭 낮춰서라도 물건을 팔려 했을 거야. 하지만 임상옥은 그러질 않았어. 그는 오히려 사람을 시켜서 장작을 여러 수레 사 오게 했어. 조선 상인들의 동태를 살피고 있던 연경 상인들은 이를 이상하게 생각하여 여관 주변으로 모여들었어. 장작 수레가 도착하자 임상옥은 마당 가득히 쌓게 하더니 그 위에 의주에서 싣고 온 귀한 인삼 꾸러미를 차곡차곡

쌓아 올리고는 곧장 불을 질러 버렸어. 검은 연기가 인삼 더미에서 치솟자, 깜짝 놀란 청나라 상인들이 득달같이 달려들어 인삼 꾸러미를 불속에서 끄집어내며 한바탕 난리법석을 떨었어. 이때 임상옥이 노한 목소리로 크게 소리쳤어.

"누가 감히 내 인삼에 손을 대느냐. 만리타국에 와서 물건을 제값도 못 받고 파느니 차라리 불태워 없애 버리는 게 낫느니라."

임상옥을 골탕 먹여 인삼 값을 낮추려 했던 청나라 상인들은 혼비백산하여 값은 얼마든지 비싸게 쳐 줄 테니 제발 인삼만은 태우지 말아 달라고 애걸복걸했어. 결국 임상옥은 본래 인삼 값의 10배를 더 받고 가져간 인삼을 모두 팔아 치웠어.

임상옥이 왜 청나라 상인들 앞에서 이런 쇼를 했냐고? 청나라 상인들의 의도대로 값싸게 인삼을 팔아 치우면, 향후 인삼 무역은 지속적으로 청상의 농간에 좌우될 가능성이 농후했어. 이런 현실을 미리 파악한 임상옥은 차라리 한 번 큰 손해를 보더라도 조선 상인의 배포를 과시함과 동시에 가격을 청나라 상인들이 맘대로 결정하지 못하게 한 거지. 실제로 이 사건 이후 청나라 상인들은 조선 상인들이 가지고 간 인삼의 가격을 자기들이 좌우하려는 생각을 완전히 버렸다고 해.

이런 배포로 거부가 된 임상옥은 죽을 때까지 한결같은 마음으로 어려운 이웃을 위하여 자신의 재산을 기꺼이 희사했어. 비가 많이 와 물난리가 났을 때 이재민에게 먹을 것 입을 것을 서슴없이 대 주었고, 거액을 관청에 보내 길을 닦고 배를 만들어 교통의 편의를 도모하는 데 활용했어. 또한 산성을 수비하는 군인들이 양식이 없어 힘들어한다는 소식을 전해 듣고는 1천 석의 곡식을 무상으로 제공해 주었어.

거상 임상옥! 그는 부자들이 번 돈을 어떻게 써야 하는지를 몸소 보여 주었던 진정한 노블레스 오블리주의 실천자였어.

23

실학자들이 꿈꾸었던 사회는?

□ 실학이 무엇인가요?

조선의 정치 이념으로 채택되어 새로운 사회를 이끌었던 성리학은 100년, 200년이 지나면서 형식화되어 현실 사회의 어려움을 해결하는 능력을 상실했어. 이러한 때에 이론과 형식에만 치우치는 성리학을 비판하면서 사회 모순을 해결하는 데 적극적인 실용적이고 실증적인 학문이 등장했어. 그게 무엇일까? 실학! OK, 딩동댕이야.

17세기 후반부터 나타난 실학자들은 당시의 집권 세력인 노론에서도 일부 나왔으나, 대부분은 정권에서 오래전에 밀려나 향촌에서 농민들과 함께 부대끼며 생활했던 남인에서 많이 나왔어. 이들은 여러 가지 사회 모순을 개혁하기 위한 방안을 제시하며 역사학, 지리학, 자연과학, 농학과 같은 다양한 방면에서 연구 활동을 활발히 전개했어.

실학의 선구자로는 이수광과 김육을 꼽을 수 있어. 이수광은 백과사전인 『지봉유설』을 지어 우리나라와 중국의 문화·전통을 폭넓게 정리하였으며, 김육은 대동법을 확대 실시하고 동전 사용을 확산시키는 데 힘썼어.

한편, 18세기에 들어 실학자들은 크게 두 가지 방향으로 나뉘어 사회 개혁안을 제시했어. 농업을 중시하고 토지 제도를 개혁해야 한다고 주장하는 중농학파와 상공업 발전과 기술 개발에 힘을 기울여야 한다고 주장한 중상학파가 바로 그들이었지.

□ 중농학파는 어떤 생각을 했나요?

농업을 중시한 중농학파는 농민들이 토지를 실제 경작할 수 있도록 제도를 개선하는 것을 사회 개혁의 핵심으로 보고 각종 개혁안을 제시했어.

유형원은 선비, 농민, 수공업자, 상인들에게 토지를 나누어 줄 때 신분에 따라 차별을 두되 모든 계층이 일정 정도의 토지는 소유하여 스스로 먹을 것을 해결하자는 '균전제'를 주장했어. 이익은 전국의 모든 집

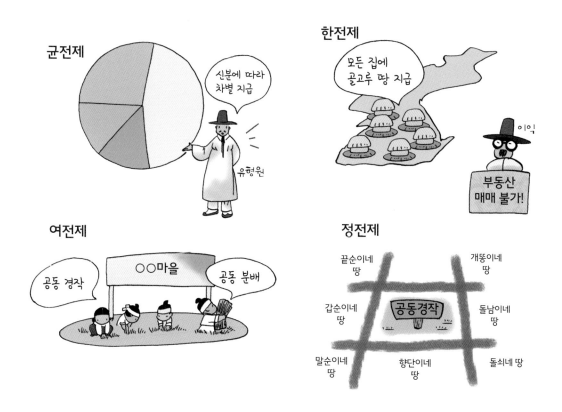

에 먹고살 만큼의 땅을 기본적으로 지급하고 이 땅은 일체 팔지 못하게 한 대신에, 나머지 땅은 매매를 허용하여 점진적으로 토지 소유의 평등을 이루어 가자고 주장했어. 이익의 이러한 주장을 '한전제'라고 해.

정약용은 '여전제'를 주장했어. 이 제도는 마을 단위로 토지를 나누고 마을 사람들이 공동으로 경작을 하여 수확기가 되면 각자의 노동량에 따라 수확물을 나누자는 거야. 그러나 정약용은 여전제가 실현되기 위해서는 양반 지주들이 자신의 땅을 과감히 포기해야 하는데, 그러기는 현실적으로 어렵기 때문에 여전제 실시는 불가능하다고 보았어. 그래서 그는 말년에 보다 현실적인 방안으로 정전제*를 주장했어.

이와 같이 중농학파는 실제 농지를 경작하는 농민 위주로 토지를 분배하여 피폐해진 농촌을 되살리려 했어.

여기서 잠깐! 질문 하나!

중농학파들은 어떻게 해서 농민 위주의 토지 분배책을 주장하게 되었을까? 또한 양반이었던 이익이나 정약용 같은 이들의 주장이 철저히 농민 중심적인 이유는 어디에 있었을까?

중농학파는 일찍이 중앙의 권력으로부터 밀려나 농촌에 정착한 남인들이 대부분이었어. 따라서 이들은 양반 지주들 등쌀에 허리 펼 날이 없었던 농민들의 사정에 밝았고, 또 자신들이 직접 농사를 짓기도 했던 사람들이었어. 그래서 이들은 어렵게 살던 농민들의 처지를 잘 알고 있었고, 농촌 사회의 안정을 위해서는 토지 분배 문제가 최우선적으로 해결되어야 한다고 생각했던 거야.

☐ 중상학파는 어떤 생각을 했나요?

중상학파*는 나라가 부강해지려면, 상공업이 발전해야 한다고 생각하여 상공업 육성 방안을 제시했던 사람들이야. 이들은 농촌에서 일생

정전제 중국 주나라에서 실시한 토지 제도로 토지를 '우물 정(井)'자 형태로 나누어 8명의 농부가 각자 자기에게 분할된 땅을 경작하고, 가운데 땅은 공동으로 경작하여 나라에 세금으로 바치는 제도.

중상학파 청의 문물을 적극적으로 받아들이자고 주장하여 '북학파'라고도 한다. 북학의 '북'은 청나라를 의미하므로 '북학'은 청의 학문 또는 청의 문물을 뜻한다.

을 보낸 중농학파와는 달리 한양의 도시적 분위기에서 성장한 사람들로, 상공업이 발전하여 나라가 부강해지면 자연히 농민들의 생활도 나아진다고 생각했어. 또한 농촌에서 먹고살기 힘든 사람들은 도시로 옮겨서 장사를 하면 잘살 수 있다고도 주장했어.

박지원(1737~1805)

중상학파는 비록 높은 관직은 아니었더라도 관직에 몸담고 있거나 몸담았던 사람들로, 청나라에 사신으로 가서 청의 발달된 문물에 자극을 받고 돌아온 사람들이었어. 이 학파를 대표하는 실학자는 유수원, 홍대용, 박지원, 박제가야.

유수원은 상인들이 서로 협동하여 대자본을 만들고, 직접 생산과 판매를 함으로써 상공업을 활성화시켜야 한다고 주장했어. 홍대용은 성리학의 극복과 기술 문화의 혁신이 상공업 발전의 핵심이라고 주장했어. 특히 그는 성리학이 사·농·공·상의 신분제를 인정하고 있고, 농업보다 상공업을 천시하기 때문에 나라가 발전하지 못한다고 생각하여 성리학을 극복해야 한다고 강하게 주장했어.

『양반전』으로 유명한 박지원은 수레나 선박의 이용과 함께 화폐의 사용을 적극적으로 주장했어. 그의 상공업 육성에 대한 생각은 소설 『허생전』에 잘 나타나 있어. 박지원은 『허생전』에서 유통 경제의 흐름을 장악하는 것만으로도 큰돈을 벌 수 있음을 보여 주며, 상공업이 부국강병의 근본임을 역설했어.

박제가는 상공업이 발전한 청나라와 통상을 강화하여 부국강병을 이루어야 한다고 주장했어. 그러면서 그는 소비와 생산의 관계를 우물물에 비유하여 소비가 생산의 촉진제임을 강조했어. '우물 속의 물은 계속 퍼내도 조금 있으면 다시 차지만, 퍼내지 않고 그대로 두면 썩기만 한다'고 설명하면서 적당한 소비가 생산을 활성화시켜 상공업을 발전시킨다는 선진적인 상공업 육성 방안을 주장했어.

이처럼 중상학파는 부국강병을 실현하기 위해서는 상공업 발전이

〈**연행도**〉 조선 사절단이 청나라로 사신을 파견(연행)하여 오가는 모습과 연경에서의 행사 모습을 담은 그림이다. 당시의 연행 기록과 청나라의 문물과 풍경을 알 수 있다.

필수라고 주장했어. 그래서 청을 정벌하자는 북벌보다는 청의 발달한 문물을 받아들여 나라 발전에 활용하자는 북학 운동을 펼쳤어.

□ 실학의 의의와 한계는 무엇인가요?

실학은 사실에 토대를 두고 진리를 탐구하려 한 '실사구시학'으로 실증적인 방법으로 학문을 연구하고 그 성과를 실생활에 활용하려 한 실천적 학문이야. 또한 실학은 조선의 어려운 현실을 타개하기 위하여 각종 개혁안을 제시하였으므로 민족적 성격을 지닌 학문이라고도 할 수 있어. 여기에 실학자들은 사회 모순을 개혁하고 상공업 육성을 통해 새로운 사회로 나아가기를 원했기 때문에 근대 지향적 성격을 가진 학문이라고도 할 수 있지.

그러나 안타깝게도 실학은 국가 정책에는 거의 반영되지 못했어. 실학자들 대부분이 몰락한 남인이거나, 중앙 정계에서 벼슬을 하고 있더라도 말단 관리였기 때문이야.

연암 박지원의 실학 정신을 보여 주는 『허생전』

박지원의 소설 『허생전』의 주인공 허생은 남산 아래 묵적동의 오막살이집에 살며, 독서를 좋아한 인물이야. 아내가 삯바느질로 살림을 꾸려나갈 정도로 몹시 가난했지. 하루는 허생의 아내가 책만 보는 그에게 무능하다며 푸념을 했어. 허생은 탄식을 하며 집을 나섰지.

그는 한양에서 제일 부자라는 변씨를 찾아가, 돈 만 냥을 꾸었어. 그러고는 안성에 내려가 과일 장사를 하여 큰돈을 벌었고, 제주도에 들어가 말총 장사를 하여 더 큰돈을 벌었어. 그 뒤 그는 무인도 하나를 얻어 변산의 도둑들을 설득하여 각기 소 한 필, 여자 한 사람씩을 데려오게 하여 같이 무인도로 들어가 농사를 지었는데, 3년 동안 지어서 먹고 남은 농작물을 흉년이 든 지방에 팔아 백만금을 벌었어. 그는 섬사람들을 모아 놓고 뒷일을 부탁한 뒤 육지로 돌아왔어. 외부로 통하는 배를 불태우고, 50만 금은 바다에 던져 버린 뒤 글을 아는 사람을 가려내어 함께 돌아온 거지. 그 뒤 가난한 사람을 구제하였고, 남은 돈으로 변씨에게 빌린 돈을 갚았어.

변씨가 돈을 돌려주려고 했지만 허생은 이를 받지 않고 먹고살 만큼의 식량만 받아서 집으로 왔어. 변씨로부터 허생의 이야기를 들은 북벌 운동의 총책임자 이완李浣 장군이 허생을 찾아왔어. 이완이 청을 정벌할 인재를 구한다는 이야기를 하자, 허생은 북벌 운동의 문제점을 조목조목 지적하며 이완의 제안을 거절했어. 그러고는 흔적도 없이 사라져 버렸지.

박지원은 상업 활동을 통해서 개인이 부자가 되는 것은 물론 국가도 부강할 수 있음을 『허생전』을 통해서 주장하고 있어. 하지만 그는 자신의 주장이 국가 정책으로 반영되지는 못한다고 생각했어. 어디서 알 수 있냐고? 만약 박지원이 자기 생각을 국가 정책에 반영할 수 있다고 판단했다면 『허생전』을 주인공이 사라지는 것으로 결말짓지 않았을 거야. 본인의 주장이 당시 현실에서 국가 정책으로 반영되기 힘들다는 것을 스스로 판단했기에 허생이 소리 소문 없이 사라지는 것으로 책을 끝맺음했을 거야.

24 조선 후기 문화의 새로운 변화들은?

□ 조선 후기 문화의 특징은 무엇인가요? □ 국학 발달은 어떠했나요?
□ 서양 문물의 수용 속에 발전한 과학 기술은? □ 문학과 예술의 새 경향은?
□ 회화와 공예 분야의 새로운 동향은?

□ 조선 후기 문화의 특징은 무엇인가요?

조선 후기에는 실학의 발달과 함께 민족의 전통과 현실에 대한 관심이 깊어져서 국학이 발달했어. 또한 청에 간 사절단은 서양 선교사들과 교류를 하며 천문·역법, 화포 제작법과 같은 서양 과학 기술을 소개하여 중국 중심의 세계관에서 탈피하게 했어. 여기에 농업 생산력이 증대되고 상품 화폐 경제가 발달하면서 학문과 예술 분야에도 새로운 변화가 나타났어.

□ 국학 발달은 어떠했나요?

국학이란, 우리 민족의 삶과 결부된 학문을 말하지. 한국학의 줄임말이라고 할 수 있어. 전문 용어를 넣어 좀 더 심도 있게 설명해 보면, '한국의 전통적인 문화 양상과 이 문화 속에 내재되어 있는 우리 역사, 우리 땅, 우리 언어 등 일체의 사상 체계를 연구하는 학문'이라고 정의할 수 있지.

조선 후기에는 중국 중심의 역사 인식에서 벗어나려는 움직임이 나타났어. 실학자 이익은 중국 중심의 역사관을 비판하며 우리 역사를 주체적으로 이해하려 했어. 이익의 제자 안정복은 고조선부터 고려까지의 역사를 체계적으로 정리하여 『동사강목』을 펴냈으며, 이종휘는 고구려 역사를 정리한 『동사』를, 유득공은 『발해고』를 지어 발해사를 우리 역사 속에 편입시켰어. 특히 유득공은 『발해고』에서 남쪽에 통일 신라가 있었을 때, 북쪽에는 발해가

유득공이 쓴 발해의 역사책 『발해고』(왼쪽)와 조선 8도의 지리적 환경과 경제 풍속을 서술한 이중환의 『택리지』(오른쪽).

있었으므로 이 시기를 '남북국 시대'로 하자고 주장하여 우리 민족의 활동 무대를 만주 지역까지 확장시켰어. 한편 한치윤은 만주 지역을 비롯한 우리 영토에 대한 정확한 고증을 토대로 『해동역사』를 지었는데, 중국과 일본의 역사 기록까지 세세히 살펴 책을 쓰는 데 활용했어.

지리책으로는 이중환의 『택리지』가 유명해. 18세기 중반 영조 시대에 지어진 이 책은 조선 땅을 8도로 나누어 지리적 환경과 함께 각 지역의 경제와 풍속을 자세히 서술해 놨어.

한편 중국에서 곤여만국전도 등의 서양식 지도가 전해져서 보다 정확하고 과학적인 지도를 만드는 데 도움을 주었어. 정상기는 100리를 1자로 축소 계산한 백리척을 사용하여 '동국지도'를 제작, 우리나라 지도 제작의 수준을 한 단계 높였어. 백리척이 뭐냐고? 100리를 1척으로 계산했기에 '백리척'이라 했지. 한자어인 척尺은 동양 전통의 길이 측정 단위로 우리말로 바꾸면 '자'야. 10리가 미터법으로 환산하면 4킬로미터니, 100리는 40킬로미터이고, 조선 후기 시대의 1자는 31.22센티미터였으니, 정상기의 백리척은 40킬로미터를 지도상에는 31.22센티미터로 축소하여 나타낸 거지. 여기에 동국지도는 수륙 교통로와 산악을 뚜렷하게 표시하여 이용자의 편의성을 높였어.

고산자 김정호 하면, 바로 떠오르는 '대동여지도'는 나무판목판에 새겨진 전국 지도야. 목판 인쇄본 지도이다 보니 대량 인쇄가 가능하여

조선 후기 상업 발달과 더불어 교통로에 대한 관심이 높았던 당시 사람들에게 널리 보급되며 먼길을 가야 하는 사람들에게 큰 도움을 주었어.

신경준은 『훈민정음 운해』를 써서 한글 보급에 기여했어. 우리글인 한글의 음과 뜻^{음운}을 그림으로 풀어 쉽게 설명해 놓은 책이지. 유희는 『언문지』를 썼는데, 한글의 자음과 모음을 분류하여 해설해 놓은 책이야.

조선 후기에는 실학자들이 조선 문화에 대한 자긍심을 바탕으로 여러 분야에 폭넓은 관심을 가지면서 백과사전류들도 다수 편찬되었어. 이수광의 『지봉유설』, 이익의 『성호사설』, 홍만선의 『산림경제』, 서유구의 『임원경제지』, 이덕무의 『청장관전서』, 이규경의 『오주연문장전산고』가 다양한 항목을 풀이해 놓은 백과사전들이야.

□ 서양 문물의 수용 속에 발전한 과학 기술은?

조선 후기에는 청나라에 다녀온 사신들에 의하여 서양 과학 기술들이 소개되면서 과학 기술도 발달했어. 17세기에 청나라 사절단으로 갔던 사신들이 서양 과학 서적과 자명종^{탁상시계}, 화포, 천리경^{망원경} 등을 국내에 소개했어. 또한 세계 지도를 가져와 세계에는 다양한 나라가 있음을 알게 해 주면서 중국이 세계의 중심이라는 기존의 성리학적 지리관을 수정하는 데 도움을 주었어. 여기에 대동법을 만든 김육의 노력으로 청나라 달력인 시헌력●이 도입되어 공인 달력으로 사용되기도 했어.

지구가 스스로 돈다는 '지전설'도 조선 후기에 김석문, 홍대용에 의해 소개되어 사람들을 놀래켰어. 특히 북학파인 중상적 실학자 홍대용은 35세에 청나라에 가는 사절단을 따라 청의 수도 연경을 방문하여 60여 일을 머무르며 중국 문물은 물론이려니와 서양 과학 기술까지 접하고 와서 『의산문답』을 지었어. 이 책에 다음과 같이 지구는 스스로

시헌력 '음력'이라고 하여 현재도 일부 사람들이 사용하는 달력. 체제는 중국의 전통에 따랐으나 서양역법을 일부 도입한 청나라의 공인 달력이었고, 우리나라는 1653년 김육의 주장으로 채택하여 을미개혁(1895) 전까지 공식적으로 사용했다.

돈다는 지전설을 주장해 놨지.

> "지구는 회전하면서 하루에 태양을 한 바퀴씩 돈다. 땅 둘레는 9만 리이고 하루는 12시이다. 이 9만 리의 거리를 12시간에 달리기 때문에 그 움직임은 벼락보다 빠르고 포환보다 신속하다."

조선 후기를 대표하는 실학자 다산 정약용도 중국과 서양 기술의 영향 속에 실용적인 과학 기기를 제작했어. 세계 문화유산으로 지정된 수원 화성 알지? 이 성을 정조 임금의 명을 받아 설계한 사람이 정약용이야. 또한 그는 중국과 서양 과학 서적을 참조하여 거중기를 만들어 축성 경비와 노동력 감소를 꾀하며 공사 기간도

17세기 청나라에서 들어온 자명종(위)과 천리경(아래)

단축시켰어. 거중기는 무거운 물건을 높은 곳까지 쉽게 들어올릴 수 있게 도르래의 원리를 이용하여 만든 작업 도구였지. 대형 선박을 만드는 조선소에 가면 볼 수 있는 골리앗 기중기의 초기 형태로, 성곽을 쌓을 때 노동력 감소 및 작업 속도를 높여 주었어.

임진왜란을 치르며 선조 임금은 허준을 비롯한 궁중 의사들에게 명하여 백싱들의 병 치료에 도움을 줄 만한 의학 서적을 편찬하게 했어. 하지만 이때는 전란 중이라 의서 편찬 작업이 속도를 내지 못했고, 이후 허준 혼자 단독으로 책을 엮어 방대한 내용이 담긴 의학 백과사전을 광해군 시절에 펴냈어. 이 책이 바로 중국과 일본에서도 번역되어 크게 칭찬받은 『동의보감』이야. 『동의보감』은 유네스코에서 세계기록유산으로 지정해 놓았는데, 현재 등재된 세계기록유산 중 의학 서적은 『동의보감』이 유일해. 이것만으로도 『동의보감』의 대단함을 알 수 있지. 『동의보감』의 진정한 가치를 보여 주는 몇 가지 특징을 꼽아 볼게.

수원 화성(왼쪽)과 거중기(오른쪽) 정조의 대표적인 업적으로 손꼽히는 수원 화성. 거중기 등 근대적 기술을 이용하여 화포에도 견딜 수 있도록 튼튼하게 성을 쌓았다.

첫째, 중국에서 수입한 값비싼 약재 대신 우리 산천에서 쉽게 구할 수 있는 약재들을 다수 소개하고 있어.

둘째, 약재 이름을 의원들이 쓰는 전문 이름과 시중에서 민간인들이 일반적으로 쓰는 한글 이름으로 함께 기재해 놓아 누구라도 쉽게 약재를 찾을 수 있게 해 놨어.

셋째, 세계 최초로 예방 의학을 강조했어. 병들어 몸을 고치려 하기보다는 병이 나기 전에 몸을 보호해야 한다는 관점을 강조하여 세계 보건 기구가 중시하는 '정신적·육체적·사회적 건강과 안녕'이라는 이념을 이미 400여 년 전에 실천했지.

넷째, 중국·일본·대만 등지에 번역되어 동아시아 의학 발달에 지대한 공헌을 했어.

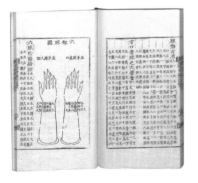

『**동의보감**』 1610년 허준이 완성한 의서. 25권 25책으로 구성되어 있다.

어때, 이 정도면 유네스코가 세계기록유산으로 등재할 만하지.

이제마는 19세기 조선의 의학자야. 사상의학은 이제마가 독자적으로 연구 개발한 학설로, 그는 사람의 체질을 태양인, 태음인, 소양인, 소음인으로 나누어 각기 체질에 맞게 처방을 달리해야 병이 쉽게 치료된다고 주장하며 이 학설을 바탕으로 『동의수세보원』을 편찬했어. 지금 현재도 많은 한의사들이 이제마의 사상의학설을 기반으로 아픈 사람들을 치료하고 있어.

□ 문학과 예술의 새 경향은?

조선 후기에는 문학과 예술 방면에서 서민 문화가 융성했는데, 우선 한문학 분야에서 독보적인 활약을 한 학자부터 알아볼까? 연암 박지원 알지? 그는 북학파 실학자로 무능한 양반 사회를 비판하는 한문 소설을 다수 써서 당시 지식인 사회에 경종을 울린 인물이야. 『양반전』, 『호질』이 그가 쓴 대표적인 한문 소설로, 연암은 이 작품에서 조선 후기 양반의 무능력과 허위의식을 비판하면서 사회 리더인 양반 계층이 어떻게 살아야 하는지를 생각하게 했어. 또한 그는 중상적 실학자답게 『허생전』에서 상공업 육성 방안을 제시하며 현실적으로 이루어지기 힘든 북벌론을 신랄하게 비판했어.

개혁주의자 허균은 한글로 『홍길동전』을 썼어. 그는 이 소설에서 서얼에 대한 차별 철폐와 탐관오리 응징, 이상 사회 건설을 주장했어. 이외에도 작자는 알 수 없지만, 『춘향전』, 『사씨남정기』, 『구운몽』, 『장화홍련전』, 『콩쥐팥쥐전』 등의 한글 소설이 서민 사회에 유포되며 서민 의식을 높이는 데 기여했어. 『홍길동전』에는 사회 비판 의식이 담겨 있고, 청춘 남녀의 사랑 이야기에 불과할 것 같은 『춘향선』에도 탐관오리의 횡포, 신분 차별 철폐 등의 내용이 담겨 있었으니 이런 책을 읽으며 자연스럽게 사회를 바라보는 눈이 높아질 수 있었지.

한편 조선 후기에는 서민들의 소박한 감정을 자유롭게 표현하거나 또는 현실 사회 모순을 익살스럽게 비판한 사설시조도 유행했으며, 중인층들도 문학 활동을 활발히 하며 시집을 발간하기도 했어.

〈**평양감사부임도**〉 김홍도
가 평양 감사 부임을 환영하
기 위해 그린 그림으로 명창
모흥갑이 판소리하는 장면을
묘사한 부분.

조선 후기에 예술 분야에서 서민들에게 가장 인기가 있었던 종목은
판소리와 탈춤이었어. 가면을 쓴 배우들이 양반의 위선을 폭로하거나
사회 비리를 해학적으로 풍자하며 고발하니 답답했던 서민들의 마음
이 뻥 뚫어졌고, 소리꾼이 북장단에 맞추어 노래와 사설로 이야기를 풀
어 가는 판소리가 장시를 중심으로 유행하며 서민들의 호응을 얻었어.

판소리는 여러 사람이 모인 장소라는 뜻의 '판'과 노래를 뜻하는 '소
리'가 합쳐진 말이야. 이런 판소리 작품을 세는 단위가 '마당'으로, 현
재 '춘향가, 심청가, 적벽가, 흥부가, 수궁가' 다섯 마당 판소리가 전해
지고 있어.

탈을 쓰고 노는 전통 놀이는 다양해. 현재 전승되는 탈춤만 해도 봉
산탈춤, 통영 오광대, 고성 오광대, 동래 들놀음, 안동 하회 별신굿 탈
놀이, 강릉 관노 가면극, 송파 산대놀이, 양주 별산대놀이, 북청 사자놀
이가 있지.

먹고살기 힘든 서민들도 예술 활동을 즐겼냐고? 조선 후기에는 양
반 중심의 신분 체제가 붕괴되며 서민 의식이 성장하고 있었어. 따라서
판소리나 탈춤의 서민 사회 유행은 어쩌면 당연한 현상이었지. 또한 이
러한 공연들을 서민들만 즐긴 것은 아니었고 양반도 덩달아 함께 즐겼
어. 공연의 후원자도 경제력이 있는 양반들이 대다수였고.

□ 회화와 공예 분야의 새로운 동향은?

조선 후기 회화 하면 바로 떠오르는 것이 '진경산수화'야. 그런데 진경산수화를 이야기하려면, 이 그림이 등장하게 된 배경부터 알아야 해. 조선이 섬기던 명나라가 망하고, 오랑캐라 부르던 여진족이 청나라를 세운 이후, 조선의 지배층은 세상에서 명나라를 계승한 문화 국가는 이제 조선뿐이라는 인식이 새롭게 나타났어. 이를 소중화 의식이라 하지.

이러한 인식 속에 조선 후기에는 우리 문화에 대한 자부심이 높아지며 우리의 멋을 찾아 주체적으로 표현하는 그림과 글씨가 유행했어. 그 대표적인 것이 중국의 산수화를 모방했던 이전 그림 양식에서 탈피하여 우리 산천을 사실 그대로 그리는 진경산수화였어.

진경산수화의 창시자는 겸재 정선이야. 그는 중국의 화법을 충분히 소화한 상태에서 조선의 산천을 있는 그대로 표현하는 독자적인 화풍을 창안해 냈어. 정선이 그린 〈인왕제색도〉는 비온 뒤의 안개가 서린 서울 서북쪽에 있는 인왕산의 자태를 실경 그대로 표현한 작품이야. '제霽'가 비나 눈이 그친 뒤의 활짝 개인 모습을 나타내는 한자어로, 지금 현재도 비가 그친 뒤에 안개가 깔리면 정선이 그린 인왕제색도 속의 모습을 인왕산에서 찾을 수 있어. 여기에 정선은 금강산을 여행하고 겨울 금강산의 일만이천 봉우리를 한 화면에 담아냈는데, 이 그림이 〈금강전도〉야.

18세기 후반인 영조, 정조 시대에는 당시 생활상을 살필 수 있는 풍속화가 유행했어. 김홍도와 신윤복이 이 시대를 대표하는 풍속화가였지. 두 사람은 도화서 출신의 전문 화가였어. 하지만 그림의 소재나 필치는 사뭇 달랐어. 김홍도는 대담한 생략과 거침없는 붓질로 저잣거리에서 쉽게 볼 수 있는 서민들의 삶을 소탈하고 익살스럽게 묘사했어. 〈씨름도〉, 〈타작도〉, 〈서당도〉, 〈대장간도〉 등이 농촌의 일상과 서민들

〈**인왕제색도**〉 18세기 정선이
그린 진경산수화. 비 온 뒤의
인왕산의 모습을 그린 것이다.

의 생활상을 소박하게 묘사한 김홍도의 대표 풍속화들이야. 반면에 도
화서 후배인 신윤복은 도회지 양반의 풍류 생활과 부녀자의 풍습, 남녀
간의 애정을 섬세하고 화려한 필치로 묘사하여 유명세를 떨쳤어.

민화는 서민들의 소망을 담고 있는 그림으로 이름 없는 떠돌이 화가
들에 의해 주로 그려졌어. 수요 계층 또한 대체로 일반 백성들이었기에
'백성 민民', '그림 화畵'를 써서 '민화民畵'라고 했지.

조선 후기 사회는 서민 의식 성장과 더불어 경제력도 향상되다 보니,
일반 백성들도 자기 집에 걸어 둘 그림 한 점 정도는 구매할 여유가 생겼
어. 다만 유명 화가들의 그림은 값이 비싸서 그야말로 '그림 속의 떡'에
불과했고, 떠돌아다니며 그림을 그리는 무명 화가들의 그림을 값싸게 사
서 벽을 장식하고는 했지. 그러다 보니, 민화의 소재는 해, 달, 나무, 꽃,
동물, 물고기 등과 같이 서민들에게 친숙한 것들이었고, 주제 또한 건강
과 장수 등 서민들이 간절히 바라는 것들 위주였어.

19세기 전반에 그려진 〈세한도〉는 명문 가문 출신인 추사 김정희가 그린 그림이야. 추사는 그림을 전문적으로 그린 화가가 아니고 추사체로 유명한 서예가이자 금석학에 조예가 깊었던 고증학자였지만 그림도 꽤나 잘 그렸어. 이런 그가 7년 여간 제주도에 귀양을 살며, 제자인 이상적이 잊지 않고 꾸준히 소식을 전해 오자, 고맙다는 편지를 보내며 함께 그려 보낸 그림이 〈세한도〉야.

『논어』에 "세한연후지송백지후조歲寒然後知松柏之後凋"라는 문장이 있어. '겨울이 되어서야 소나무나 잣나무의 푸르름이 시들지 않음을 알게 된다.'라는 뜻이지. 추사는 여기에서 그림 제목을 따왔어. 많은 사람들이 귀양 온 김정희와 소식을 끊었음에도 불구하고 중인 출신 역관인 이상적은 멀리 유배 간 스승을 계속 챙겼다고 해. 사절단을 따라 청나라 수도 북경에 가면, 그곳에서 스승이 필요로 할 만한 책들을 손수 구해 제주도로 보내 주고는 했어. 그게 너무 고마워서 이상적을 겨울에도 푸르른 소나무와 잣나무에 비유하면서 귀양살이하는 자신의 쓸쓸한 마음을 그림 속에 담아냈던 거지.

한편 서예가 이광사는 중국의 유명 서예가 글씨체를 바탕으로 독자적인 글씨체를 개발했어. 우리나라에서 탄생한 글씨체라고 해서 '동국진체'라 했지. 동국은 '우리나라'를 뜻하고 진체는 '진짜 글씨'란 의미니, 동국진체는 우리나라만의 독특한 글씨체란 의미에서 붙여진 이름이야.

추사 김정희 또한 독보적인 글씨체를 창안해 냈어. 그는 중국 글씨와 우리나라 삼국 시대부터 내려오던 필체들을 두루 연구하여 조형미를 갖춘 추사체를 개발, 서예의 신경지를 열었어. 또한 그는 고증학*에도 밝아 북한산과 황초령에 있는 비석이 신라 진흥왕이 영토를 개척하

민화 〈까치호랑이〉 민화는 조선 말기인 19세기에 유행한 그림이다. 그 중에서도 호랑이와 까치를 그린 〈호작도〉는 호랑이의 용맹함이 악한 기운을 집 밖으로 몰아내고 까치가 희소식만 집안에 전해 주기를 바라는 마음이 담긴 그림이다.

고증학 예전에 있던 사물들의 시대, 가치, 내용 따위를 옛 문헌 등에서 확실한 증거를 찾아 이론적으로 밝혀 나가는 학문이다.

금석학 금속이나 비석 등에
쓰인 글을 대상으로 언어와
문자를 연구하는 학문이다.

고 세운 순수비라는 것을 밝혀 놓은『금석과안록』을 편찬하여 우리나라 금석학[*] 발전의 밑돌을 놓아 주었어.

공예 분야에서는 조선 전기인 16세기부터 유행하기 시작한 백자가 민간에까지 널리 사용되었어. 백자 중에서도 조선 선비들의 품격을 상징하는 청화 백자는 조선 전기 때는 수입품인 청색 안료가 비싸서 소량만 생산되었기에 상류 양반층에서만 애호되었어. 하지만 후기에는 청색 물감이 조선 땅에서 직접 생산되며 대량 사용이 가능해져서 서민들도 쉽게 청화 백자를 접할 수 있었어. 이외에도 철 가루로 문양을 그린 철화 백자, 구리 가루로 무늬를 나타낸 진사 백자 등도 유행했고, 옹기 외에도 항아리·술병·필통 등 다양한 형태의 도자기가 민간에서 사용되었어. 또한 나무로 만든 목공예도 크게 유행했어.

건축 분야에서는 사찰 건물이 다수 지어졌어. 조선은 성리학 국가였기에 불교를 탄압했어. 하지만 왜란 도중에 대형 사찰이 불타 버린 뒤, 조선 후기에는 돈 많은 신도들의 적극적인 후원 아래 대규모 건축 사업이 벌어졌어. 화엄사의 각황전, 법주사의 팔상전이 조선 후기에 만들어진 대표적인 대형 사찰 건물들이야.

청화 백자

이것이 대동여지도다!

김정호가 전국을 답사해 만든 대동여지도의 특징은 다음과 같다.

첫째, 목판본이기에 마음만 먹으면 여러 장을 대량으로 찍어 낼 수 있어서 지도 보급에 용이했다.

둘째, 현재 우리가 쓰는 지도의 범례에 해당하는 지도표를 사용했기에 다양한 지역 정보를 간결하면서도 체계적으로 얻을 수 있다.

셋째, 가지고 다니기 편하도록 22첩으로 분철한 지도이다. 따라서 전부 펼쳐 놓으면 가로 3미터, 세로 7미터에 달하는 대형 전국전도지만, 평소에는 접어서 책처럼 가지고 다니며 필요 지역만 꺼내서 사용할 수 있다.

넷째, 10리마다 점을 찍어 놓았기에 사용하는 사람들이 쉽게 거리를 측정할 수 있었다. 특히 사람이 실제 걷는 거리를 기준으로 점을 찍어 놓았기에 거리 측정에 오류가 거의 없었다.

대동여지도 총22첩의 지도를 모두 펼치면 오른쪽과 같은 지도가 된다. 평소에는 왼쪽처럼 접어서 책처럼 가지고 다닐 수 있었다.

세도 정치는 어떤 폐단을
가져왔는가?

☐ 세도 정치란 무엇인가요?

세도 정치는 왕실의 외가 친척들에 의해서 권력이 독점되는 정치 형태야. 19세기 초반부터 약 60년간에 걸쳐 이루어졌지.

1800년, 문예 부흥을 이끌던 정조가 갑자기 죽으면서 그의 아들이 11살의 어린 나이로 임금순조이 되었어. 이런 상황에서 정치권력은 왕실과 혼인 관계를 맺은 가문들로 넘어가게 되었고, 순조 이후에도 헌종과 철종 등 나이 어린 임금이 연이어 왕위를 계승하면서 안동 김씨, 풍양 조씨와 같은 세도 가문들이 3대 60년간 외척 세력으로 조선의 정치를 쥐고 흔들었어.

☐ 세도 정치기 때 나라는 어찌 되었나요?

갈밭 마을 젊은 아낙 울음소리 서러워라.

관청 문을 향해 울더니 하늘 보고 울부짖네.

쌈터에 간 지아비가 못 돌아오는 수는 있어도

남자가 그걸 자른 건 들어본 일이 없다네.

시아비 죽어서 이미 상복을 입었고 아기는 배냇물도 안 말랐는데

삼대가 함께 군적에 이름이 실리다니

달려가서 억울함을 호소하려 해도

문지기는 호랑이요

이장은 호통 치며 소까지 끌고 갔네.

조정에선 모두 태평성대를 축하하는데

누구를 보내어 바른 말을 하여 조정 밖으로 내치겠는가

칼을 갈아 방에 들자 자리에는 피가 가득

자식 낳아 안 낼 세금 많이 낸 것이 한스러워 그랬다네

무슨 죄가 있어서 남성의 상징을 잘랐던가

민나라 땅 자식들 거세한 것 그도 역시 슬픈 일인데

자식 낳고 사는 이치 하늘이 준 바이고

하늘 닮아 아들 되고 땅 닮아 딸이 되지

불알 깐 말, 불알 깐 돼지 그도 서럽다 할 것인데

대 이어갈 사람들이야 말을 더해 무엇하리요

부호들은 일 년 내내 풍류나 즐기면서

낱알 한 톨, 비단 한 치 바치는 일 없는데

똑같은 백성 두고 왜 그리도 차별일까

객장에서 거듭거듭 시구편을 외워 보네

정약용 「애절양哀絕陽」

경기 남양주 다산 생가에 있
는 정약용(1762~1836) 동상.

이 시는 세도 정치기 때 경상도 장기와 전라도 강진에서 18년 동안
귀양을 살았던 실학자 정약용이 관청의 세금 수탈에 항의하여 자신의
성기를 잘랐다는 어느 농민의 이야기를 듣고 지은 거야. 시의 내용을
보면 세도 정치기 때 관리들의 부패와 농민들의 힘든 삶이 어느 정도
였는지 잘 알 수 있지.

세도 정치기 때 임금은 거의 허수아비에 불과했어. 정치 권력은 세

도 가문이 독점했고, 이들의 독주를 견제할 세력이 없어 정치 기강은 문란할 수밖에 없었어. 이러한 현실에서 농민들의 삶은 피폐할 대로 피폐해져 살아도 살았다고 말할 수 없을 정도의 극한 상황에 내몰렸지.

당시 농민들이 국가에 내는 세금은 크게 세 종류였어. 농토에 부과한 전정, 군대 생활을 해야 할 사람들에게 거두어들이는 군정, 그리고 먹고살 것이 없는 봄에 관청이 비축해 놓은 곡식을 빌려 주고 가을에 약간의 이자를 붙여 거두어들이는 환곡. 이를 합하여 삼정이라고 하는데, 관리들이 다양한 방법으로 수탈을 하여 삼정의 문란이 아주 심했지.

삼정 중에서도 특히 빈민 구제 정책이라 할 수 있는 환곡의 폐단은 농민들에게 극심한 고통을 주었어. 1년 동안 먹고 살 곡식을 쌓아 놓고 살 수 없었던 농민들은 춘궁기*에 굶어 죽지 않기 위하여 관청에서 곡식을 빌릴 수밖에 없었어. 그런데 탐관오리들은 곡식을 빌려 줄 때 곡식과 이물질을 함께 섞어 빌려 주고 가을에 받아들일 때는 질 좋은 곡물로만 받아들여 그 차액을 착복했지. 심지어는 빌려 주지도 않은 곡식을 장부에는 빌려 줬다고 기록해 놓고 가을이 되면 거짓 기록된 장부를 내놓으며, 봄에 빌려 간 곡물을 갚으라고 윽박지르기도 했어.

춘궁기 가을에 거두어 들인 곡식이 다 떨어질 무렵의 시기로 3월~5월경을 말한다. 보리가 나올 시기로 넘어가는 곤궁한 고개란 의미에서 '보릿고개'라고 하기도 한다.

□ 농민들은 탐관오리들의 횡포에 어떻게 대응했나요?

삼정의 문란과 탐관오리의 착취로 농민들의 살림살이는 날이 갈수록 궁핍해졌어. 그래서 많은 농민들이 고향을 버리고 정처 없이 떠도는 유랑민이 되어 산간벽지로 들어가 화전을 일구거나, 도시 또는 광산으로 이동하여 노동자 생활을 해야 했어. 형편이 아주 어려운 경우에는 국경을 넘어 간도나 연해주로 이주하여 황무지를 개간하며 새로운 인생을 살아야 했어.

그런데 문제는 여기서 그치지 않았어. 탐관오리들은 자신들의 부를 축적하기 위하여 고향을 떠난 사람들의 세금을 남아 있는 친척이나 이웃 사람들에게 물렸어. 따라서 고향에 남은 농민들의 부담은 더욱 무거워졌으며, 농촌 사회는 날이 갈수록 피폐해졌지.

이러한 상황에서 농민들은 참고만 살 수 없었어. 관리의 부정을 입에서 입으로 퍼뜨리거나, 부패한 관리들에게 경고를 하는 내용의 글을 사람이 많이 다니는 길목에 부착하여 관리들의 경각심을 일깨우려 했어. 그러나 사정은 달라지지 않았어. 결국 농민들은 세금 납부를 거부하거나, 사람들을 모아 항의를 하고, 관청을 습격하거나 도적의 무리에 가담하는 등의 과격한 행동을 통해 자신들의 불만을 표출했어.

1811년 평안도 지역에 큰 흉년이 들어 민심이 극도로 흉흉해지자 몰락 양반인 홍경래는 탐관오리들의 횡포와 부당한 지역 차별에 불만을 품고 있던 평안도 사람들을 모아 '세도 정권 타도'라는 뚜렷한 명분을 가지고 봉기를 일으켰어. 이 난은 비록 실패하였지만, 한때 청천강 이북의 여러 고을을 점령할 정도로 기세등등

조선 후기 농민 봉기 세도 정치기 때는 홍경래의 난을 시작으로 전국 각지에서 민란이 일어났다. 특히 1862년은 '민란의 해라 말할 수 있을 정도로 농민 봉기가 많았다.

하여 조정을 뜨끔하게 만들었지.

홍경래의 난 이후로 전국 각지에서는 농민 봉기가 잇달아 일어났어. 농민들의 봉기는 세도 정치기 내내 일어났지만, 가장 심했던 시기가 철종 때야. 특히 1862년은 70여 곳에서 봉기가 일어났는데임술 농민 봉기, 경상도 진주에서 일어난 농민 봉기는 농민들의 불만이 얼마나 컸는가를 잘 보여 주고 있어. 경상 우병사 백낙신이 부당하게 세금을 걷으려 하자, 몰락한 양반 출신인 유계춘이 농민들을 주동하여 "탐관오리들이 훔쳐 먹은 환곡을 다시 백성들에게 거두지 말라."라고 하면서 대규모 시위를 벌였어. 정부가 박규수를 파견하여 난을 일으킨 사람들을 설득하고 한편으로는 강경책을 펴서 겨우 수습되었어.

□ 삼정의 문란에 대한 정부의 대책이 있었나요?

전국 각지에서 봉기가 꼬리를 물고 일어나자, 정부는 삼정의 문란을 해결하기 위하여 '삼정이정청'이라는 특별 기구를 설치하는 등 각종 제도 개혁을 서둘렀어. 삼정이정청에서는 "환곡 운영을 개선하자", "세금 제도 자체를 이번 기회에 뜯어 고치자", "세금 제도뿐만 아니라 토지 제도까지 개선하자"와 같은 다양한 방법을 제시하며, 제도 개선을 모색했어. 그러나 최종적으로 내린 결론은 이전과 별 차이가 없었어. 여러 방안 중에서 가장 온건한 방법인 환곡을 토지세로 바꾸는 것이 채택되었어. 그리고 이마저도 지주들의 반발에 부딪쳐서 시행한 지 70일 만에 포기하고 말았어. 따라서 나라의 뿌리인 농민들의 먹고살게 해 달라는 간절한 염원은 결국 소수 양반 지주들의 기득권 때문에 실패로 돌아가고 농민들은 희망 없는 삶을 이어갈 수밖에 없었어.

역사 돋보기

홍경래는 누구인가?

홍경래는 평안도 사람으로 몰락한 양반의 자손이었어. 그는 유학은 물론 풍수지리에도 상당히 밝았으며, 병법에도 조예가 깊어 다양한 전술로 관군을 괴롭혔어.

그는 난을 일으키기 전에 약 10여 년을 떠돌아다니며 함께할 사람을 모아 1811년 12월에 군사를 일으켰어. 한때는 청천강 이북 지역을 전부 장악할 정도로 큰 세를 떨쳤으나, 실패하여 1812년 정주성이 함락될 때에 그곳에서 죽었어. 그러나 죽은 이후에도 민중들 사이에서는 홍경래가 죽지 않고 하늘을 날아서 성을 빠져나갔다는 소문이 퍼지는 등 당시 많은 사람들이 그가 살아 있다고 믿었어.

이러한 황당무계한 소문이 퍼진 이유는? 결국 당시 사람들이 정부 정책을 믿지 못하고 지배층의 횡포에 불만을 가졌고, 민중들이 편하게 살아가는 세상을 만들 큰 영웅을 원했기 때문이야.

〈**순무영진도**〉 정주성에서 공방전을 벌이고 있는 정부군과 홍경래군의 모습을 그린 그림이다.

26 천주교와 동학이 널리 퍼진 배경은?

□ 새 세상을 꿈꾸게 한 사상들은?
□ 서양 종교인 천주교가 널리 퍼지게 된 이유는? □ 동학의 성립 배경은?

□ 새 세상을 꿈꾸게 한 사상들은?

세도 정치로 인해 나라의 질서가 문란해지고 백성들의 생활이 어지러워지면서 사람들 사이에는 새로운 세상이 오기를 바라는 예언 사상과 신흥 종교가 유행했어.

'이씨가 세운 조선이 망하고 정씨가 새로운 나라를 세운다'는 예언이 담긴 『정감록』과 미래의 세상을 다스릴 미륵불이 하늘에서 내려와 어려운 중생들을 구제한다는 미륵 신앙, 새로운 세상이 열린다는 후천 개벽 사상 등이 사람들의 마음을 끌었지. 그리고 무당들의 굿을 통하여 자신들이 처한 어려움을 해결하려는 민간 신앙도 번성했어. 여기에 불안정한 사회 분위기 속에서 자신들의 삶을 안정시켜 줄 안식처로 천주교와 동학을 찾는 사람들도 많아졌어.

□ 서양 종교인 천주교가 널리 퍼지게 된 이유는?

"천주교는 종교다."

분명 맞는 말이야. 하지만 이 말은 우리나라에 천주교가 처음 들어올 때의 상황으로는 맞지 않아.

천주교는 청에 사신으로 갔던 관리들에 의하여 17세기 전반에 처음 소개되었어. 그런데 당시 사람들은 천주교를 종교로 받아들이지 않고 서양의 학문으로 인식하여 '서학'이라고 했어. 그러던 천주교가 신앙으로 받아들여진 것은 18세기 후반 정조 시대부터야. 몇몇 학자들이 천주교를 신앙으로 믿기 시작했고, 이승훈®은 청나라에 사절단이 갈 때 동행하여, 서양인 신부에게 세례를 받고 돌아와 본격적으로 조선 땅에 천주교를 전파했어.

여기서 질문 하나!

천주교는 어떤 사람들이 믿었을까?

중앙 정치에서 큰 힘을 발휘하지 못했던 양반과 중인들이 주로 천주교를 믿었는데, 점차 서민층, 특히 여성들을 중심으로 확산되어 갔어.

조선 정부는 처음에는 천주교의 확산을 심각하게 생각하지 않았어.

이승훈(1864~1930) 조선 천주교 사상 최초의 영세자로 신유박해(1801) 때 순교하였다.

사람들은 자신의 삶을 안정시켜 줄 안식처로 종교를 찾기 시작했다.

천주교

동학을 믿읍시다. 사람이 곧 하늘이래요.

순조가 즉위하면서 많은 탄압을 받았다.

그러나 천주교가 주장하는 평등사상은 힘없는 서민과 여성층에게 큰 호응을 얻어 그 세력을 확대해 나갔다.

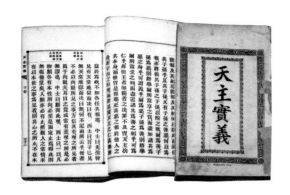

『천주실의』 중국 명나라 때 이탈리아의 신부 마테오 리치가 천주교 교리를 전파하기 위하여 쓴 책이다.

그런데 천주교가 조상에게 제사를 지내는 의식을 무시하였고, 인간 평등과 내세사상을 내세워 양반 중심의 신분제를 뿌리로 하는 조선 사회의 근본 질서를 무너뜨릴 가능성이 있었어. 그래서 점차 금지하기 시작했지.

정조 때는 천주교를 심하게 박해하지 않았지만, 순조가 즉위하면서 천주교 박해가 대대적으로 시작되었어. 당시에 천주교를 믿었던 세력은 노론 벽파보다는 남인 시파 쪽에 많았어. 노론들은 반대파인 남인 세력을 제거하는 수단으로 천주교를 믿는 사람들을 적극적으로 색출하여 박해했지.

순조 1년[1801]에 일어난 신유박해 때 남인인 이승훈, 이가환, 정약종 등이 처형당했어. 남인의 차세대 지도자인 정약용도 이 박해에 연루되어 강진 땅에 귀양을 가서 무려 18년을 지내야 했지. 천주교 박해는 이후에도 여러 번 있어서 천주교가 이 땅에 뿌리내리는 것을 방해했어.

그렇다면 조선 땅에서 천주교는 완전히 말살되었을까? 그렇지는 않았어. 박해를 받으면서도 천주교는 조금씩 세력을 넓혀 갔지. 정치 부패와 사회 불안으로 살기 힘든 사람들은 현세에서의 어려운 삶을 극복하고 내세에서는 보다 나은 삶을 살기 위한 구원을 천주교에서 찾았어. 특히 천주교가 강조하는 평등사상은 양반 지주들에게 억눌려 살았던 서민들과 남성 위주의 사회 질서에 복종해야 했던 여성층에게 큰 호응을 얻었지. 따라서 지속적으로 전파되어 날이 갈수록 세력이 확대되어 갔어.

□ 동학의 성립 배경은?

세도 정치기의 사회 혼란 속에서 불교와 유교가 종교로서의 제 역할을 다하지 못했어. 이 틈을 이용하여 외래 종교인 천주교가 점차 세력을 확대해 가고 있었지. 하지만 많은 사람들이 생각하기에 서양 종교인 천주교는 우리나라 사람들이 중시하는 조상에 대한 제사를 금지하는 등 우리의 고유한 풍속을 해치고 있었어. 그래서 천주교의 확산을 우려하는 사람들이 지배층뿐만 아니라 일반 백성들 사이에서도 많았지.

최제우(1824~1864) 1860년 새로운 종교 동학을 창시했다.

바로 이러한 때, 경주의 몰락한 양반인 최제우가 민간 신앙과 유교, 불교, 도교를 융합하여 1860년에 새로운 종교를 만들었으니, 그것이 바로 '동학'이야.

동학이 만들어져 포교되던 1860년대는 서양 세력의 침략 위협과 천주교의 확산으로 서양에 대한 위기감이 어느 때보다 고조되던 때야. 이러한 때에 최제우는 우리 것을 지키고 고통 받는 사람들을 구원하기 위하여 동학을 창시했어.

동학의 교리에서 가장 중심이 되는 것은 '사람이 곧 하늘'이라는 인

최제우가 동학의 교리를 담아 펴낸 경전으로, 한자로 쓴 『동경대전』(왼쪽)과 한글로 쓴 『용담유사』(오른쪽)이다.

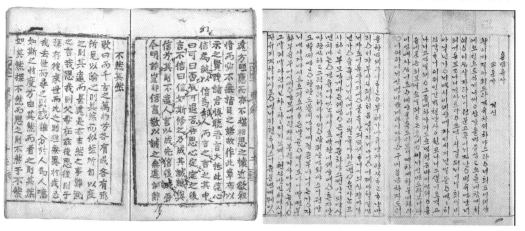

내천人乃天 사상이야. 사람을 섬기는 것이 곧 하늘을 섬기는 것이므로 모든 사람은 하늘처럼 떠받들어질 귀중한 존재라는 것이지.

그러나 조선 정부는 동학을 이단으로 취급하여 탄압했어. 양반 중심의 신분제를 부정하는 동학의 급속한 유포는 조선 사회의 근본 질서를 무너뜨릴 우려가 있었거든. 따라서 정부는 동학의 교조 최제우를 세상을 어지럽히고 백성을 속이는 사람이라고 하여 잡아 죽이고 동학을 탄압했어.

그럼, 동학은 어찌 되었을까?

계속 확산되었다고? 그래 맞아. 동학의 교리는 농민층의 입장을 전적으로 반영하고 있었기 때문에 정부의 탄압에도 불구하고 농민층을 중심으로 크게 확산되어 갔어.

천주교 박해 사건들

신해박해　1791년, 정조 때에 일어난 최초의 천주교도 박해 사건. 진산사건珍山事件 이라고도 해. 전라도 진산의 양반 윤지충과 권상연이 윤지충의 어머니가 돌아가셨을 때, 신주神主를 불사르고 가톨릭 식으로 제례를 지냈는데, 소문이 한양까지 전해졌어. 이에 두 사람을 사회 도덕을 문란케 하고 부모도 모르고 임금도 모르는 사악한 종교 를 신봉하였다 하여 사형시켰어.

신유박해　1801년, 순조 때에 천주교도를 박해한 사건. 이 박해로 선교사 주문모 를 비롯한 천주교인 100여 명이 처형되고 약 400명이 유배되었어.

기해박해　1839년, 헌종 때에 일어난 천주교 박해 사건. 이 사건은 표면적으로는 천주교를 박해하기 위한 것이었으나, 실제로는 천주교에 관대한 안동 김씨로부터 권 력을 탈취하기 위하여 풍양 조씨 세력이 의도적으로 일으켰어. 이 박해로 천주교인 100여 명 이상이 죽었어.

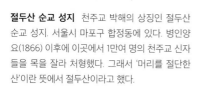
절두산 순교 성지　천주교 박해의 상징인 절두산 순교 성지. 서울시 마포구 합정동에 있다. 병인양 요(1866) 이후에 이곳에서 1만여 명의 천주교 신자 들을 목을 잘라 처형했다. 그래서 '머리를 절단한 산'이란 뜻에서 절두산이라고 했다.

한국사 연표

기원전	**46억 년 전**	지구가 탄생하다.
	390만 년 전	인간이 지구상에 등장하다.
	70만 년 전	한반도에 인간이 출현하다. 구석기 시대가 시작되다.
	1만 년 전	신석기 시대로 들어서다.
	2333	단군, 조선을 세우다.
	2000~1500	한반도에 청동기 시대가 시작되다.
	5세기	철기가 보급되기 시작하다.
	194	위만이 고조선의 왕이 되다.
	109	중국의 한나라가 고조선 땅을 침범해 오다.
	108	고조선, 한나라에 의해 멸망하다.
기원후	**2세기 전반**	고구려, 태조왕 때 중앙 집권 국가로 발전하다.
	3세기 중엽	백제, 고이왕 때 중앙 집권 국가로 성장하다.
	4세기 후반	백제, 근초고왕 때 중국의 랴오시, 산둥 지방과 일본에 세력권을 형성하다.
		신라, 내물 마립간에 의해 중앙 집권 국가로 변신하다.
		가야, 신라와 맞설 정도로 성장하다.
	5세기	고구려, 광개토 대왕과 장수왕 시대에 전성기를 구가하다.
	433	신라, 고구려의 남하에 대비하기 위하여 백제와 동맹을 체결하다. (나·제 동맹)
500 ~ 600	**6세기**	신라, 지증왕, 법흥왕, 진흥왕을 거치며 전성기를 구가하다.
	532	법흥왕에 의해 금관가야가 멸망하다.
	562	진흥왕에 의해 대가야마저 멸망하다.
	598	고구려, 침입해 온 수 문제의 30만 대군을 물리치다.
	612	고구려의 을지문덕이 살수에서 수의 대군을 섬멸하다.
	645	고구려, 당의 침입을 안시성에서 효과적으로 막다.
	660	백제, 나·당 연합군에 의해 멸망하다.
	668	고구려, 나·당 연합군에 의해 멸망하다.
	676	신라, 당과의 전쟁에서 승리하여 삼국 통일을 이루다.
	685	신라, 전국을 9주 5소경으로 편성하다.
	698	고구려 사람 대조영이 발해를 세우다.

700 ~ 900	732	발해 장군 장문휴가 당나라의 산둥 지역을 공격하다.
	751	불국사와 석굴암을 짓다.
	780	신라, 중대가 끝나고 하대가 시작되다.
	788	신라, 독서삼품과를 설치하다.
	9세기	발해, 중국에서 '해동성국'이라 불릴 정도로 발전하다.
	828	장보고, 청해진을 설치하다.
	926	거란에 의해 발해가 멸망하다.
	900	견훤이 후백제를 세우다.
	901	궁예가 후고구려(태봉)를 세우다.
	918	왕건이 궁예를 쫓아내고 호족들의 지지 속에 고려를 세우다.
	935	신라가 고려에 병합되다.
	936	고려가 후백제를 멸망시키고 한반도 유일의 통일 국가가 되다.
	949	광종이 즉위하여 왕권 강화를 시도하다.
	981	성종이 즉위하여 나라의 기틀을 확립하다.
	993	거란이 고려로 쳐들어왔으나, 서희의 외교술로 강동 6주를 얻다.
1000 ~ 1200	1019	거란이 세 번째로 쳐들어왔으나, 강감찬 장군이 박살내다.(귀주대첩)
	1107	윤관이 별무반을 만들어 여진족을 토벌, 동북 9성을 쌓다.
	1126	문벌 귀족 이자겸이 왕이 되고자 난을 일으켰으나 실패하다.
	1135	묘청이 서경 천도 운동을 일으켰으나 실패하다.
	1176	신분 해방을 목표로 공주 명학소에서 망이·망소이가 난을 일으키다.
	1196	최충헌이 정권을 잡아 이후 60여 년간 최씨가 계속 집권하다.
	1198	개경에서 만적이 난을 일으키다.
	1231	몽골의 침입으로 이후 40년간 전쟁을 치르다.
	1270	무신 정권이 붕괴되며, 몽골에 항복하다. 이후 80년간 원나라의 속국으로 살아가다.
1300 ~ 1400	1351	공민왕이 즉위하여 반원 자주 개혁 정치를 추진하다.
	1388	이성계가 위화도에서 군사를 되돌리다.
	1392	고려가 멸망하다. 이성계가 왕이 되어 새 나라 조선을 만들다.
	1398	제1차 왕자의 난이 일어나다. 태조가 아들 방과(정종)에게 왕위를 물려주다.
	1400	제2차 왕자의 난이 일어나다. 정종이 동생 방원(태종)에게 왕위를 물려주다.
	1446	세종, 훈민정음을 반포하다.
	1455	수양대군(세조)이 왕이 되어 왕권을 강화하다.
	1469	성종이 즉위하여 국가의 기틀을 확립하다.

	1498	무오사화가 일어나다.
	1504	갑자사화가 일어나다.
	1506	연산군이 쫓겨나고 중종이 왕이 되다.(중종반정)
	1519	기묘사화가 일어나다.
	1545	을사사화가 일어나다.
1500	1589	붕당 정치가 시작되다.
	1592	왜군이 조선을 쳐들어오다.(임진왜란)
	1593	수세에 몰린 일본이 명에 휴전을 제의하다.
	1597	왜군과 다시 전쟁을 시작하다.(정유재란)
	1598	왜군의 철수로 왜란이 끝나다.
	1610	허준, 『동의보감』을 완성하다.
	1623	인조반정이 일어나 광해군이 쫓겨나다.
1600	1627	정묘호란이 일어나다.
	1636	병자호란이 일어나다.
	1654	나선(러시아)을 정벌하다.
	1708	전국적으로 대동법이 시행되다.
	1725	영조, 탕평책을 실시하다.
1700	1750	균역법을 실시하다.
	1776	정조, 규장각을 설치하다.
	1784	이승훈, 천주교를 전파하다.
	1801	천주교에 대한 대대적인 탄압이 이루어지다.(신유박해)
	1805	안동 김씨의 세도 정치가 시작되다.(~1863)
	1811	홍경래 등이 이끄는 평안도 농민 전쟁이 일어나다.(~1812)
	1860	최제우, 동학을 창시하다.
	1861	김정호, 대동여지도를 만들다.
	1862	임술 농민 봉기가 일어나다.
1800	1863	흥선 대원군이 집권을 시작하다.
	1866	제너럴 셔먼호 사건이 발생하다. 병인양요가 발발하다.
	1868	오페르트의 도굴 사건이 일어나다.
	1871	신미양요가 발발하다. 척화비를 건립하다.
	1873	흥선 대원군이 하야하다.
	1875	운요호 사건이 일어나다.

1800	1876	일본과 강화도 조약을 체결하다. 1차 수신사 파견이 이루어지다.
	1880	2차 수신사 파견이 이루어지다. 통리기무아문과 12사가 설치되다.
	1881	조사 시찰단을 파견하다. 별기군 창설하다. 영선사를 파견하다.
	1882	조·미 수호 통상 조약을 체결하다. 임오군란이 일어나다. 제물포 조약을 체결하다.
	1883	기기창, 박문국, 전환국을 설립하다.
	1884	갑신정변이 일어나다.
	1885	한성 조약을 체결하다. 영국, 거문도를 불법 점령하다.
	1889	함경도에 방곡령을 선포하다.
	1894	동학 농민 운동이 일어나다. 갑오 개혁을 시행하다.
	1895	을미사변이 일어나고 을미개혁이 실시되다. 을미의병이 일어나다.
	1896	아관 파천이 일어나다. 독립 협회가 창설되다.
	1897	대한 제국을 세우다. 광무개혁을 추진하다.
	1898	만민 공동회를 개최하다. 독립 협회가 해체되다.
1900	1904	제1차 한일 협약이 체결되다. 보안회와 헌정연구회가 설립되다.
	1905	을사조약이 강제 체결되다. 을사의병이 일어나고, 대한 자강회가 설립되다.
	1907	헤이그 특사를 파견하다. 고종 황제가 강제 퇴위되고, 한일 신협약(정미 7조약)이 체결되다. 군대가 해산되고 정미 의병이 일어나다. 대한협회, 신민회가 설립되고 국채 보상 운동이 시작되다.
	1909	남한 대토벌 작전이 전개되다. 안중근이 이토 히로부미를 사살하다.
	1910	한·일 병합 강제 체결로 국권이 피탈되다.
	1910	일제 강점기가 시작되다.
	1914	대한 광복군 정부가 수립되다.
	1919	3·1 운동이 일어나다. 대한민국 임시정부가 수립되다.
	1920	봉오동 전투와 청산리 대첩이 일어나다.
	1923	암태도 소작 쟁의가 일어나다. 조선 물산 장려회가 조직되다.
	1926	6·10 만세 운동이 일어나다.
	1927	신간회가 조직되다.
	1929	광주 학생 항일 운동이 일어나다. 원산 총파업이 일어나다.
	1931	만주 사변이 일어나다.
	1932	이봉창·윤봉길 의사가 의거를 일으키다.
	1940	한국 광복군이 결성되다.
	1942	조선어 학회 사건이 일어나다.

1900	1945	8·15 광복을 맞이하다.
	1946	미·소 공동 위원회를 개최하다.
	1947	유엔 한국 임시 위원단을 구성하다.
	1948	5·10 총선거가 실시되다. 남한, 대한민국 정부를 수립하다.
	1950	6·25 전쟁이 발발하다.
	1953	휴전 협정을 조인하다.
	1960	4·19 혁명이 일어나다. 장면 내각이 성립되다.
	1961	5·16 군사 정변이 일어나다.
	1963	박정희 정부가 수립되다.(~1979)
	1965	한·일 협정이 체결되다.
	1972	7·4 남북 공동 성명을 발표하다. 남북 적십자 회담이 이루어지다.
		10월 유신이 일어나다.
	1973	6·23 평화 통일 선언을 발표하다.
	1979	10·26 사태가 일어나다.
	1980	5·18 민주화 운동이 일어나다.
	1981	전두환 정부가 수립되다.
	1987	6월 민주 항쟁이 일어나다. 6·29 민주화 선언을 발표하다.
	1988	노태우 정부가 수립되다.
	1993	김영삼 정부가 수립되다.
	1997	IMF 사태가 일어나다.
	1998	김대중 정부가 수립되다.
2000	2000	제1차 남북 정상 회담을 가지고 6·15 남북 공동 선언을 발표하다.
	2003	노무현 정부가 수립되다.
	2007	노무현 대통령이 평양을 방문해 제2차 남북 정상 회담을 가지다.
	2008	이명박 정부가 수립되다.
	2012	박근혜 정부가 수립되다.
	2017	박근혜 대통령이 탄핵되다. 문재인 정부가 출범하다.

사진 출처

간송미술관	112(훈민정음 해례본)
국립고궁박물관	117(앙부일구, 측우기), 157(연잉군 초상)
국립민속박물관	161(공명첩), 171(발해고)
국립중앙박물관	27(고려 향리의 벼루와 도장), 42(경전과 경갑), 73(개경 경천사지 십층석탑, 충주 정토사지 홍법국사탑), 79(청동 은입사 포류수금문 정병), 90(경국대전), 107(예안향약 서문), 109(삼강행실도), 118(백자 철화 끈무늬 병, 분청사기 상감 연꽃무늬 물새무늬 납작병, 분청사기 음각어문 편병), 119(고사관수도), 129(조선 통신사 행렬도), 143(수세패), 156(규장각도), 159(누숙경직도), 179(까치호랑이), 181(대동여지도)
동국대학교박물관	180(청화백자)
문화재청	55(진도 용장산성), 70(의천), 73(여주 고달사지 승탑, 영주 부석사 소조여래좌상, 오대산 월정사 팔각 구층석탑, 하남 하사창동 철조석가여래좌상, 파주 용미리 마애불입상), 74(수덕사 대웅전, 부석사 무량수전, 봉정사 극락전), 75(논산 관촉사 석조미륵보살입상, 안동 마애여래입상), 76(팔만대장경, 초조대장경), 77(금속활자 복원품), 79(청자 상감 운학무늬 매병), 81(산청 목면시배 유지), 87(수선전도), 90(경국대전), 111(소수 서원), 122(동래부 순절도)
문화콘텐츠닷컴	12(견훤릉), 81(대장군포)
북앤포토	13(왕건 청동상), 20(완사천), 40(공민왕릉 석상), 47(망이·망소이 봉기 기념탑), 61(공민왕과 노국대장공주 영정), 115(혼일강리역대국도지도), 124(거북선), 135(남한산성), 154(탕평비), 183(정약용 동상), 191(최제우)
서울대학교규장각한국학연구원	140(비변사 등록), 171(택리지), 174(동의보감), 187(순무영진도), 191(동경대전, 용담유사)
서울대학교박물관	176(평양도)
숭실대학교한국기독교박물관	168(연행도), 173(자명종, 천리경)
어진박물관	85(태조 어진)
이미지클릭	113(갑인자 복원품), 127(순천 왜성 유적지)
위키피디아	11(금산사), 34(테이세이라·오르텔스 제작 한반도 지도), 58(몽고습래회사), 71(지눌), 77(직지심체요절), 102(남산 봉수대), 106(조광조) 120(몽유도원도), 126(곽재우), 144(김육), 167(박지원), 174(거중기, 화서문), 178(인왕재색도), 181(대동여지도), 193(절두산 순교성지)
연합뉴스	135(삼전도비)
전쟁기념관	52(처인성 전투 기록화)
태사묘관리위원회	25(삼태사 유물)
한국천주순교자박물관	190(천주실의)

* 이 책에 사용한 사진은 박물관과 저작권자의 허가를 받아 게재한 것입니다. 저자 및 출판사가 저작권을 가지고 있는 사진은 출처 표시를 하지 않았습니다. 허가를 받지 못한 일부 사진에 대해서는 저작권자가 확인되는 대로 게재 허가를 받고 사용료를 지불하겠습니다.

찾아보기